多文化社会学解体新書

21世紀の人文・社会科学入門

A New Book of Anatomy on Modern Global Society

Introduction to the humanities and social sciences of the 21st Century

編集

アブドゥルラッハマン・ギュルベヤズ
葉柳和則
森 元斎

Edited by
Abdurrahman Gülbeyaz, Kazunori Hayanagi, Motonao Mori

JN123147

アブドゥルラ...・ギュルベヤズ Abdurrahman Gülbeyaz

伍 嘉誠　Ng Ka Shing
佐藤 靜　Sayaka Satoh
滝澤克彦　Katsuhiko Takizawa
寺田 晋　Kuniyuki Terada
葉柳和則　Kazunori Hayanagi
森川裕二　Yuji Morikawa
森 啓輔　Keisuke Mori
森 元斎　Motonao Mori

長崎大学多文化社会学叢書 2

松本工房

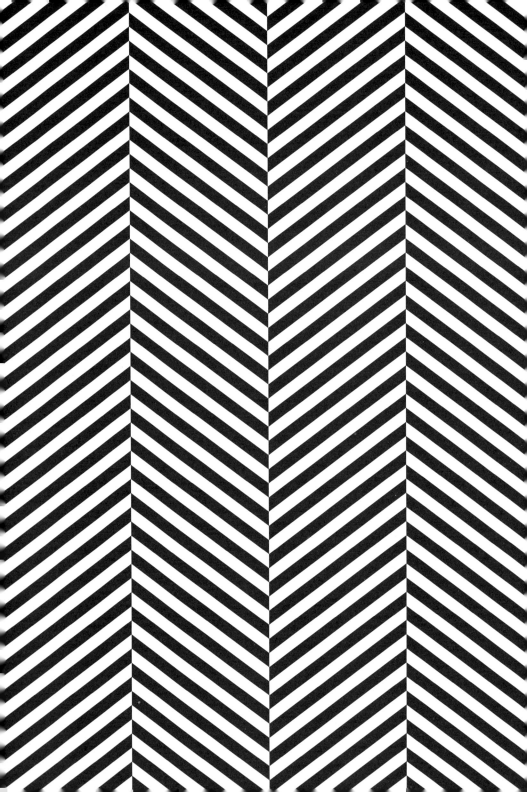

目次

006 **はじめに**
森 元斎

Foreword
Motonao Mori

009 **導入のためのディスカッション**
自然科学、社会科学、人文科学、そして概念を用いる仕事
アブドゥルラッハマン・ギュルベヤズ

Science, Social Science, Humanities and the
Business with Concepts
Abdurrahman Gülbeyaz

第Ⅰ部

人間　その自己についての知覚、外的実在についての知覚

The Human, its Self-Concept and its Perception of External Reality

020 **第1章　自然と人間の関係について**
森 元斎

On the Relation between Man and Nature
Motonao Mori

035 **第2章　宗教とコスモロジー**
滝澤克彦

Religion and Cosmology
Katsuhiko Takizawa

062 **第3章　知識**
葉柳和則

Knowledge
Kazunori Hayanagi

076 **第4章　自己と他者**
葉柳和則

The "Self" and the "Other"
Kazunori Hayanagi

第Ⅱ部

社会　その概念化と歴史

Society, its Conceptualisations and History

094　第5章　アナーキーな国際秩序と共生の世界
　　　　　　森川裕二

　　　　　　Living Together in an Anarchical International
　　　　　　Order
　　　　　　Yuji Morikawa

104　第6章　多文化主義とその論点
　　　　　　寺田 晋

　　　　　　Multiculturalism and its Points of Contention
　　　　　　Kuniyuki Terada

121　第7章　植民地統治性の歴史分析のために
　　　　　　森 啓輔

　　　　　　A Framework for the Analysis of History of
　　　　　　Colonial Governmentality
　　　　　　Keisuke Mori

第Ⅲ部

社会的多様性の諸相

Aspects of Social Diversity

136　第8章　差別としてのヘイトメッセージ
　　　　　　〈傷つき〉の経験をめぐって
　　　　　　佐藤 靜

　　　　　　Hate Message as Discrimination: with Focus on
　　　　　　the Experience of Being Harmed
　　　　　　Sayaka Satoh

147 **第9章 宗教と信仰の多様性**
　　伍 嘉誠

　　　　　　　　Diversity of Religion and Belief
　　　　　　　　Ng Ka Shing

159 **第10章 言語とコミュニケーションについて**
　　アブドゥルラッハマン・ギュルベヤズ

　　　　　　　　On Language and Communication
　　　　　　　　Abdurrahman Gülbeyaz

187 **あとがき**
　　葉柳和則

　　　　　　　　Afterword
　　　　　　　　Kazunori Hayanagi

190 **執筆者略歴**

はじめに

森 元斎
Motonao **Mori**

『多文化社会学解体新書』は、人文科学・社会科学の分野の初学者のための入門書です。まず人文科学・社会科学とは何でしょうか。学問（＝科学）には大雑把に分けて三つの分野が存在します。人文・社会・自然の三分野です。自然科学は、いわゆる理系といえば馴染みがあるでしょうか。それに対して人文・社会はいわゆる文系です。しかし文系とはいえ、自然を射程に扱うこともあります。アプローチの方法が異なるのです。同じ「自然」を対象に扱っていたとしても、物理学や生物学の立場から見ることもあるでしょう。その場合、数学や実験装置、はたまた巨大な設備が必要になります。人文・社会の場合は、書籍や論文を基に、そしてフィールドワークなどの方法、あるいは若干の数学（統計学）的手法を基に研究を行います。いずれにせよ、先達たちの研究がなければ、私たちは何もわかりません。私たちがいくら先行研究なしに自力で考えたところで、人間の研究の営為は少なく見積もっても二千年以上あるわけで、大方の思考のフレームワークも回答も出揃っています。しかしながら、なぜ二千年以上研究が続けられてきたのでしょうか。二つの仕方で答えることができます。一つは、私たちが生きている時代は、常に新しいからです。新しい以上、新しい問題が生じます。もう一つは、一人ひとり生きる上で、問いの立て方は特異なものでしかありません。同じ問題を二人別々の人が考えている時点で、それは別々の問いになります。私たち一人ひとりが新たな時代に生き、固有の問いに向き合っている以上、研究という営為は続いていきます。本書を手に取っている皆さんは、ちょうど、その研究の入り口に立っているのです。

　本書は、三つの構成からなります。第1部は「人間・概念・知覚」に関する議論です。分野でいえば、哲学や宗教学、社会学といった分野でこうした議論に答えることになります。第2部は「社会・概念化・歴史」に関わる議論となります。分野としては社会学や政治学で論じられます。最後の第3部は「社会的多様性の諸相」では、これまでの議論を基にして、応用的なあり方が論じられます。本書では、ジェンダー、宗教、言語といったそれぞれの分野から語っています。もう少し、細かく、各章でどういったことが書かれているのか、紹介しましょう。

まず第1部からです。

1章では、哲学・思想の言説の歴史を追うことで、「自然」という概念がどのように、人間や社会と関わりながら論じられてきたのかが展開されています。古代ギリシャにはじまり、中世、そして近代を経て、現代の哲学や思想において、資本主義や環境問題と結びつきながら、哲学・思想がどのように議論が展開されているかがわかるでしょう。

2章では、人間のあり方の生物学的な言説を追いながら、そこにどのように宗教が関わっているのかが議論されています。とりわけ進化論とキリスト教は水と油のような関係にあるにも関わらず、補完的に語ることができしまうロジックは一体どういったものなのかという問いに開かれていくことになるでしょう。

3章では、私たちの知識そのもののあり方は一体どのように語られてきたのかがよくわかります。この文章の冒頭でも述べたように、二千年以上研究は存続し続け、皆さんはその研究者集団の入り口に立つわけです。その意味で、「答えのない問い」の渦中に入りながらも、先達を、そして他者を尊重する倫理的態度が自ずと開かれてくるのではないでしょうか。

4章では、「自己と他者」という私たちが生きる上で避けて通れない問題に導かれ、「アイデンティティ」をめぐる思想・社会理論・精神分析・文学という領域横断的なパースペクティブが開かれることでしょう。私たちは何者なのか、他者とは何者なのか、自己と他者はどのように関わるのか、あるいは関わらないのか、これらの問いは古来より現在に至るまで、数多くの人々が頭を抱えている、難問に他なりません。みなさんならば、どのように思考するでしょうか。

次いで第2部です。5章では、近代国民国家が成立してから、現在に至るまでグローバル化（＝地球化）が怒涛のように押し寄せてきています。こうした中にあって、その反動ともいえる「福祉ナショナリズム」や「自国ファースト」の波もまた生じているのが現代世界です。こうした荒波に揉まれながら、私たちはその人間らしさ・地球環境の尊さについて考えざるをえません。政治的な解決は可能でしょうか。それとも、権力ゲームが永遠に続くのでしょうか。

6章では、グローバル化がますます進展した現在の問題として議論されている多文化主義について、その背景から、その語られ方、批判とそれに対する擁護について明晰に見ていくことしましょう。理想的な多文化的状況を見ることの重要性のみならず、非理想的なことの重要性も勘案し、私たちはこうした状況を捉え、私たちなりに分析、回答を与えなくてはならないでしょう。

7章では、そうした多文化的状況を語る上での別の角度からの議論となります。

植民地・統治・歴史というファクターから見えてくるのは、私たちが抱える国家のみならず、市民としての資質かもしれません。ここで浮かび上がるのは、一つの学問分野のみならず、様々な角度が交差することで、私たちの目の前の状況に立ち向かわなくてはならないということです。

　第3部から、いよいよ応用的な諸問題を見ていくことになります。8章では、ジェンダーについての議論を倫理学の立場から眺めていくことになります。ジェンダーをめぐる議論の中でも、「ヴァルネラヴィリティ」の観点から、性差別やヘイト・クライム、ハラスメントなどが語られていく本章は、私たちの身近に常に潜む問題でもあります。こうした現実の問題に人文学がどう取り組むのか、みなさんはもちろん、私たちは常に、こうした問いに向き合っています。

　9章では、宗教の多様性が問題となります。国家によっては、個人の信教の自由と同時に、宗教政策としてそれに取り組むことになります。私たちを取り巻く環境ですら、様々な宗教が存在しているのは、よく目を凝らして見れば、当然のこととして浮かび上がってきます。共生や包摂を言うのは容易く、実現は難しいのが現状です。その一方で排他的に特定の宗教が検討されることもあります。私たちは宗教の多様性という問題にも常に考えなければなりません。

　10章では、言語の多様性について議論が展開されています。私たちが当たり前のように使用している言語は、コミュニケーションや情報の交換ツールとしてのみ語られているわけではありません。言語を記号として捉えてみるやいなや、それを取り巻く風景が変わっていきます。私たちの身の回りは、記号に溢れています。ネット上の情報やテレビ、街で見かける広告だけではありません。歴史や宇宙についての語り方も記号に他ならないのです。そうした射程から言語＝記号の多様性を語ることで、本書を締めくくりたいと思います。

　最後に、本書だけでは語り尽くせない人間・社会・自然のあり方ですが、本書を入り口に、みなさんが一人ひとり特異な問いを立てながら、様々な学問分野を摂取し、自分の問いに回答を与える作業に取り組んでくれるようになると、私たちは大変嬉しいです。研究者である一方で、教育者でもある私たちにとって、みなさんがそれぞれ羽ばたこうとしている姿にそっと支える手を差し伸べるということは、何よりも、ただそれが仕事だからなのではなく、みなさん一人ひとりの精神を醸成し、その上でみなさんと共にこれからの社会を想像し、自然との関わり方を創造していくことに他ならないからです。

導入のためのディスカッション

自然科学、社会科学、人文科学、そして概念を用いる仕事

アブドゥルラッハマン・ギュルベヤズ

Abdurrahman Gülbeyaz

Science, Social Science, Humanities and the Business with Concepts

1. この本の背景にある考え

　本書の狙いは、人文科学と社会科学の学生たちを対象に、主要な問題領域を概観することで、それらの領域を扱うために必要な諸概念の基礎に関して最初の洞察をもってもらうことです。

　一見すると、このような企画は見るからにストレートすぎて、ぱっとしないと思われることでしょう。けれども、もう少し詳しく見ていけば、こうした試みは、最初の印象とは真逆であることが分かってきます。先に書いた比較的短く、素朴なまえがきの中で、基本的な諸問題が複雑に絡み合っているのです。こうした問題は、「科学」という近代的な用語と、それに伴って「科学者」という職業が18世紀半ばから19世紀半ばにかけて登場して以来、一貫して知識の生産という産業における課題となってきたのです。

　最初に次のことを確認します。「科学とは何か、そしていかにあるべきか」という、この文脈における最も根源的な問いは、すべての学問的な問いに等しく関わっています。これは、高度に細分化された科学的生産市場の勤め人、すなわち科学者にとってもそうですが、科学とは何かを探求するメタ科学の代表者たちにとってはそれだけいっそう、重要な問いであり続けています。しかも、彼らが近い将来に納得のいく答を見つけたり、その草案を作ったりする見込みなどないのです。

　加えてこの問題は、一見したところは特にどうということもない、巨大な氷山の一角でしかありません。しかし実際には、この根源的な問いに取り組もうとすれば、それに関連して解き難く複雑に絡み合った一連の諸問題もまた持ち上がってくるのです。これらの問いは互いに影響し合い、それぞれがまた新たな問いを生み出していきます。目に見える表面の下に潜むのは、「〈社会科学〉とは何か」、「〈人文科学〉とは何か」、「〈人文科学〉と〈社会科学〉はどう違うのか」、「〈概念〉とは何か」、「科学的な問題とは何か」、「社会科学的な問題とは何か」といった問いのもつれ合いなのです。

　とはいえ、冒頭で言っておくべきことは、これらの予備考察的な問いがいかに根本的で、相互に関連しているように思えるとしても、限られたページ数でこれらの問題を全て取り上げることはできないし、ましてや多少なりとも十全に論じることなどわれわれには物理的に不可能であり、そのつもりもないということです。

2. ワイン製造業者と科学者

　ワインの造り手は、自分の仕事の真価を発揮し、自身に与えられている社会経済的な資本とそれに相応する特権とを正当化するために、ブドウの木を育て、そのブドウからワインを作ります。それと同じように、科学者は科学的な知識を生み出すという職業的な責任を負っています。このような類推は、一見すると非常に適切で、大いに期待できるものとして挙げられているように見えます。しかし、実はごく一時的な有効性しか持っておらず、ほとんど間髪を入れずに取り下げられるものであることを露呈してしまうのです。

　なぜなら、この二つのタイプの経済活動は、まったく異なったものであることがすぐに明らかになるからです。ワインと科学というそれぞれの分野では、製品とサービスの生産、流通、消費といった分野特有の計画と遂行の方法だけではなく、それぞれの生産者が持っている自覚や、その他の関連する諸々の心理社会的な状況も異なっています。

　ワイン製造業者として、どのように存在し行動するかということに関して言えば、ワインの造り手は「ワインとはそもそも何であるか」と真剣に考察しようなどと、いかなる場合でも思ったりしませんし、ましてやそのような衝動にとりつかれたりすることはありません。それに対して科学者の場合は真逆です。「科学的な知識（言い換えれば彼らの経済活動によって生じるもの）とはなんであるか」という問いは、ほぼすべての科学的活動にとって永遠に逃れることのできない問題なのです。

　のみならず、その問いの事実性と正当性はとても単刀直入なもの見えたため、この問題に対してなにか答えを提示することが強く要求され、この要求に対して緊急に答える必要がありました。そのためこの問題は、20世紀という時代の中で、知識を生み出すという産業の中にまったく新しいサブセクターを誕生させ、急激に成長させました。これは、もっぱら当該の問題やその周辺にある問題を専門的に扱う部門のことです。この間に、「科学と科学的知識とはなんであるか」という、学問の存在根拠に関わる問題に対する答は、新しい部門の特別な分野（主に「科学史」、「科学哲学」、「科学論」、「科学社会学」など）の中で探求されるべきだという考えが広く認められるようになりました。しかしながら、上のような考えが広まったにも関

わらず、いかなるタイプの科学者も、自分こそがこの錯綜した問題について の天性の専門家だと思ってという事実を変えるには至っていません。そ のため今日なお、実質的にはすべての科学分野において、「科学とは何か」 という問題が、それぞれの主張を表明し続けています。

ワインの造り手と科学者という類推はあまり良いたとえではありません でしたが、しかしもう一度これについて考えてみましょう。そうすると ——半ば気休めのようなものですが——少なくとも次の事実については確 実に主張することができます。すなわち、科学者は、人間社会の中で、唯 一無二の社会経済学的・政治的カテゴリーを構成しており、これまでもずっ とそうだったのです。科学者つまり、知識の生産部門の専門家自身は、ワ インの造り手とも、社会経済活動のどのような領域の行為者とも明白に異 なった性質を持っているのです。

3. 結局、科学とは？

これまで私たちは「科学とは何か」という問題にアプローチし、それに 取り組むためにいささかなりとも役立ちそうで、他の領域との違いを明確 に示している特徴の少なくも一つを具体的に示してきました。したがって、 ここからは「科学は何を遂行するのか」という問いをよりよく理解するた めのさらなる一歩を踏み出すことができるでしょう。

社会活動全体の中で、科学の営みは比類なき地位、すなわち唯一無二の 性格を持っています。このため、ほとんどすべての現代人は、科学は文字 通り——人間の生に関してだけでなく、この宇宙に存在するすべての有機 的・無機的存在にとっても——死命を制する事項である、という洞察を知 らず知らずのうちに抱いています。あるいは少なくとも直感的にそう感じ ています。この自然洞察（あるいは直観）を持っているがゆえに、地球の知 性ある住人、つまり実在している普通の人々は、次のような問題をできる だけはっきりと把握しようとします。それは、「科学は具体的に何をする のか」、あるいは「科学者はどのような動機や目的を持っているのか」、「科 学的活動というのは結局、この世界に何を引き起こすのか」といった問題 です。

これに関連して、さきほど述べたように、科学的な生産部門の主要な生

産力である科学者たち自身が、それぞれの領域や部門に関係なく、知らず知らずのうちに次のように考え、主張しているように見えます。つまり、上のような問いを探求し、これに対して信頼でき——唯一容認できる——答えを提供することは、自分たちの当然の権利である、と。言ってみれば、科学の専門家も一般の人——素人——も、この未解決の問題の答を手にすることに関心を持っているということです。

　しかし科学者と一般人という二つの集団の利害関係は、種類の点でも質の点でもまったく異なっています。上で示唆したようにこの問題は、一般人にとっては生死に関わる問題です。意識的であろうと無意識的であろうと、自発的であろうと強制的であろうと、科学を自称するものに向き合うときはいつでも、他でもない彼らの命が問題となっているのです。それとは対照的に、科学者たちが「科学とはなにか」という問題に取り組み、受けの良い答えを得るために注力しているのは、一般人の場合とは根本的に異なった動機からなのです。

3.1　科学と権力

　「科学」という社会制度の出現と発展を促し、それらとともに変化してきた、社会的、経済的、政治的な状況と環境について、私たちの知識や推論は次のことを示しています。すなわち、科学とそれに関連する現象を定義する権利を誰が持っているのかをめぐって、科学者たちは要求し、争ってきたのですが、この要求や争いは個々の社会や歴史の構造の中で、権力装置が彼らに与えた排他的な特権や免責と常に直接的に結びつけられているのです。

　正確に言えば、政治的な権力装置と科学の間にあるこの必須の結びつきは、「科学とは何か」を理解ための一歩を私たちに可能にするための手がかりとなる観点のひとつなのです。現時点で分かっている定住社会組織の始まりから、現在の近代資本主義社会の形成に至るまで、すべての歴史的な前例と同じように、現代の科学者もまた、権力者——つまりそれぞれの社会の権力構造——との絆の上に存立し、存続しています。科学という活動、すなわち社会的に有意な知識を生産することは、極めて高いコストを要求します。そのために必要な装置やテクノロジーを調達し、設置し、維持するという仕事は、当然のことながら個人レベルではとうていなしえないも

のです。この高いコストをまかなうための最も簡単な方法は、社会的な富の流れを握っている人々、たとえばパトロン・スポンサー・出資者などを獲得することです。そして、実質的にはこれが唯一の方法であるとも言えます。人間社会の歴史全体において、権力者たちが配下の科学者、予言者、司祭、託宣者たちとの間に築いていた同盟は、いかなる競争相手も生まれないほどに強固なものでした。

　すぐ上で示したように、社会的な機能と地位に関して言えば、ギョベクリ・テペ神殿──「肥沃な三角地帯」の頂点であるメソポタミア北部に位置する、知られている限りで最古の遺構──の司祭と、現代社会の科学者との間にはある種の連続性が見られます。さらに言えば、現代の科学者は、信頼できる事実や社会的に重要な知識を生み出すために、ギョベクリ・テペの司祭やその後継者がしていたのと同じようなアプローチ、手続き、決められた手順、実践、手段といった手口を用いているということも確認できます。このことは「普遍的な科学的手法」というものの存在を仮定し、幾分かでもそれを正当化することができるのか、という未解決の問題まったく別の問題です。シュメール−アッカドやシュメール−バビロニアのジッグラトの肝卜師、アッカド・アッシリア宮廷の夢占師、エジプト寺院の占星術師、古代中国の商（＝殷）王朝の甲骨卜占師、エトルリアの臓卜師、占師、夢想家、妖術師、魔術師、預言者などは、すべて同じ連続体の実例であり、それゆえ彼らは現代の科学者たちと同等──あるいは同類──なのです。彼らはみな、「本当の真実」や、それぞれの時代や社会のなかで認可されていた知識に関する達人であり、同時にその捏造者でもあります。ここでいう「認可」とはもちろん、公式に命じられた、任命された、認められた、承認された、裁可されたといった意味であり、そして結局のところは、支配者によって資金を与えられたということを意味しています。

　社会の中で機能する「真実」あるいは「事実に基づく科学的知識」などといったものは何よりも、上で述べた支配者と科学者との間の同盟によって生まれるものですし、これまでも常にそうでした。この同盟は、真に多層的な共生関係を構成しています。神、個人、集団、家族、政治的ブロック、議会、国家などの支配組織は、自身が置かれた社会 - 歴史的な諸要素の配置の中で物質的・非物質的な富の源泉とプロセスの支配権を独占的に握り、維持したいという願望を持っています。そしてそうした願望は、知識を生

み出す部門のメンバーの要求、期待、野心などと対立することはほとんどありませんでした。それとはまったく逆に、実際には科学者の欲求や願望は、支配者の願望と完全に相補的なものでした。科学者は——社会的に関連したすべての領域を含む——比類なき特権的な社会的地位を与えられることで、自身の貢献が報われてほしいと願っています。したがってこの共生する両者の間に、真に相互依存的な関係を仮定することは、あながち間違ってはいないでしょう。

　しかし誤解のないように指摘しておくと、この推論の道筋が念頭に置いているのは、両者の間に親近感というある種の愛情関係があったということでも、両者が互いを軽蔑し、馬鹿にし、嫌悪する本当の憎しみ合いという関係があったということでもありません。自然界であろうと人間社会であろうと、互いに利益を与える共生やその類似形態を支えているのは、原則的には利他主義や慈悲の類ではありません。むしろすべての共生関係は、究極的には利己主義によって基礎づけられ、動機づけられているのです。

　社会が激しく変動している時期においてのみ、ごくまれにこの関係の中で抗争状態や敵対的な衝突が生じることもあります。たとえば、ある社会組織に前々からあったモード［様式／やり方］がそれに対抗する新しいモードに挑戦され、崩壊し始め、自身の権力を独占的なものとして守り抜くことができなくなり、二つの権力中枢が敵対して存在する状況が生まれることを防ぐことができなくなることがあります。現存するものと出現するものとが共生し、敵対しあうのです。レーニンはこのような状況を「二重権力」と呼びました。そのようなとき、科学者は揺れ動く権力状況の中で、自分自身の居場所を確保したり、あるいは再び移動させたりしなければなりません。そして少なくとも目下の文脈においては、「誰も二人の主人に仕えることはできない」という新約聖書のマタイの福音書における記述は正しいといえます。そのため、このような場所取り・場所替えの戦略は極めて繊細であり、時には命がけのものにさえなりうるのです。

3.2　真実は堅固な殻の中に

　私有財産制をもつ定住社会では、それに不可欠なものである最高権力者、国家機構、組織化された軍隊、あるいは記号と文字の達人たち（司祭・学者・科学者というカースト）といった機関や制度が存在します。こうした社会に

素人のためのディスカッション

対して、小規模で定住を行わない無文字社会においては、社会に関連した知識の生産、保管、伝達はまったく違った形で行われてきたし、今もそうであることは、合理的な確信を持って推測できます。このような社会には、余剰の生産も、分業も、私有財産も、社会階級もなく、その結果として支配者も被支配者も存在しません。そしてこのような（Walter J. Ong が提唱する二分法で言うところの）一次的オラリティ［口承性：文字ではなく声によって情報を伝達すること］をもった社会では、――言うまでもなく――先に示したような支配者と科学者の間の共生は存在していません。既に絶滅したか、少なくともほとんどまれになってしまったこのような社会組織のモードの中では、社会と関連する知識の生産者、担い手、管理人、伝達者である長老たちは、最高の意志決定の担い手として機能してきました。彼らはあたかも自然に――グラムシ風に言えば――準有機的にそうしているように見えます。この最高の意志決定の権限が行使されるのはたいてい、社会的行動や相互作用の結果、手に負えない紛争が起こり、小規模な社会の共同生活や複数の社会の間での利益にたいして悪影響を及ぼす恐れがある場合です。ここで強調すべき重要な点は、このような社会的権力は、どのような物質的利益とも全く関係がないことです。つまり長老たちは、社会的に共有されるべき記憶の根源として、あるいは知識の記憶媒体としての能力を持っており、その能力によってこの権力の疑似有機的な場を作り上げているのです。そして彼らが経済的な特権やその他の特別な権利を一切与えられていないという点で、人間の組織社会においてよく見られるようなモードとは正反対であるといえます。

　現代では非常に周縁的ではあるが別様の形態をもった社会組織に言及し、社会的な知識の生産、保存、伝達がまったく異なっていることを確認してきましたが、少し話がそれてきたので再び議題の中核に戻ることにしましょう。その議題とは、いわゆる文明社会において、「科学と科学者とは何か」そして「彼らは何をするのか」という問題です。

　アフリカの呪術医、シュメール・バビロニアの臓卜師、ヒッタイトの鳥卜師、中国の火卜師、ギリシャの託宣者、ローマの卜占官、イスラムのウラマーなど、これら一連の例と同じように、現代の科学者はある――人類誕生以来ずっと存在している――信念に基づいて自身の権力と正当性を主張します。簡単に言えば、その信念とは人々が知覚するものと彼らを取り

巻く現実とは必ずしも一致しない、つまり真実、あるいは森羅万象の本当の意味は、物事の背後や物事の下のほうに隠されているというものです。世界各地の言語は、時代を超えて受け継がれているいくつかの伝承を物語ることができます。たとえばゲルマン系の言語では、すべてのメダルには隠された裏面があり、そこには本当の真実が、心得のない一般人には解読できないような特別な文字で刻まれていると言われています。さらに日本語ではどのような裏にもさらにその裏がある［裏には裏がある］とされており、真実への厳しい道のりはますます絶望的なものとなります。ここでは人がどれだけ懸命に、信頼できる知識を求めて本当の真実の面にたどり着こうとしても、真実への道のりは結局少しも縮まっていないということを意味しています。

　したがって、素人にはアクセスできないような本当の真実と堅実な知識というものは、物事の内に隠された空洞や、目に見えない内臓の中に隠されているのであり、それを開放するためには高度に技術的なノウハウと、目的に特化した専用の道具が必要になります。あるいは、強力で特別な言語の力によって、本当の知識をその隠れ家から誘い出したり、追い出したりする必要があります。そのような言語は、科学者やそれと同等の立場の人々、つまり権限を与えられるか、秘技を伝えられた、選ばれし少数者だけに授けられている言語なのです。

4.　名前と概念にご用心！

　社会的生産活動において分業が始まったことと、社会的生産活動において言語的な加工・再加工のプロセスが生じたことが、科学者の起源となっています。彼らの正当性はなによも、上で示したような仮説（または信念、神話、ペテン、あるいは他の呼び方も可能な何か）のうえに成り立っています。すなわち、ほとんど運命といって良いほどの、いずれにせよ避けることのできない現実というものの本質によって、社会活動におけるノウハウや知識が手仕事から引き離されているということです。

　社会制度の一つとしての科学者は、そのあらゆる存在様式と出現形態において、結局は命名と改名という記号論的な行為のみを行っています。このように定義することで、科学的活動の性質と内容は、記号によって定義

される圏域の、さらにその下位領域である言語のなかに確実に限定することができます。自然科学、社会科学、人文科学、工学など様々な区別はあるものの、科学的な生産活動は言語の生産、あるいは単に言語の中でのみ行われると言って差し支えないでしょう。以前の著作でも述べたように、科学とは最も広い意味で、社会的生産の言語的再処理、つまり社会生活において起こる全ての現象を言語的に再処理することなのです。それゆえ、私自身の記号理論モデルに従えば、科学的行為というのは「再記号過程［resemiosis］」か「遷記号過程［transsemiosis］」のどちらかに分類することができます。この分類は、記号過程［semiosis］の更新が、異なる記号体系の内で起きる（遷記号過程）か、あるいは同じ記号体系で起きるか（再記号過程）か、という単一のパラメーターによって定められます。

　アダムは、名前を付けるという単純な行為によって絶対的に「海の魚、空の鳥、家畜、地の獣、地を這うものすべてを支配」（Genesis 1:26 King James Version）しました。科学者たちはその例に倣って生物、事物、プロセス、現象を命名・改名し、また符号化・再符号化します。彼らの装備や特別な道具、手法を構成しているのは、基本的に単語や表現、概念、言説などだけです。

　このような科学的行為の主な目的と、それに対応する極めて重大な結果に関しては、アニメの世界からすぐれたアナロジーを引くことができます。宮崎駿の『千と千尋の神隠し』では、銭湯を中心とする世界において絶対的支配者である湯婆婆が、その世界の住人たちに対する支配を確立し、維持するために、まさにこのような根源的な意味での科学的手法を採用しています。彼女は主人公の千尋を「千」と改名したのと同じように、住人たちに新しい名前を与えます。ただそれだけで彼らは、自分たちが誰であったか、あるいは誰であるかということを忘れ、新しい世界（科学的に再構築された世界）の従順な虜囚となるのです。

第 I 部

人間
その自己についての知覚、
外的実在についての知覚

Part I

*The Human, its Self-Concept
and its Perception of External Reality*

第 1 章

自然と人間の関係について

森 元斎
Motonao **Mori**

Chapter 1

Keyword:

自然

人間

社会

環境

マルクス（主義）

アナキズム

On the Relation
between Man and
Nature

はじめに

　人間は自然なのだろうか。それとも、人間は自然ではないのか。自然と人工、あるいは自然と文化という区分けでも語られるように、人間と自然の関わりや断絶は、様々な仕方で語られてきた。人工知能があるならば、天然知能もあるだろう。クロード・レヴィ＝ストロースやその弟子のフィリップ・デスコラは人類学の領域でこれらの問題系に挑んできた。現代の哲学で「自然主義」といえば、基本的には物理学や生物学などにひきつけて検討する潮流がある。その一方で「自然哲学」という看板を掲げて、かつてはニュートンやシェリング、そしてホワイトヘッドなどが現在の「自然主義」とは異なる仕方で哲学を展開してきた。十九世紀フランスでの自然主義はまたその中身は異なるし、先のように現代哲学の「自然主義」ともその中身は異なっている。そう、いずれも、それらの主張の含意は異なっている。一口に「自然」や「自然主義」や「自然哲学」といってみても、その中身は時代ごとにも、地域ごとにも、そして哲学者ごとにも、異なる。これらを取り上げてわかるように、「概念」の中身や定義づけが、それぞれ違うのである。こうした概念に密着しながら、丹念に書籍を読解し、いかにそれが生成変化していったのかをみていくのが、哲学（や思想史）の方法である。そこに哲学の面倒くささだったり、魅力がある。魅力に関しては、霧がかかったその概念の世界をふらついていると、突如として、その霧が晴れてくることがあるのだが、その概念が腑に落ちる、あるいは、体得できることがある。それが魅力だ。そのときには、その概念にまつわる体系が整理され、私たちの思考の糧となっている。そう、その概念を述べ、議論を展開していった人物や書物、そして論文をきちんと精読し、それによってこそ、その概念がわかってくる。もちろん、その概念を理解できたとしても、再び、文脈によったり、時間や空間の移動によって、異なる仕方で受容されたり、変化していく。常にその繰り返しだ。

　だから、「自然と人間」なるものをここでズバッといい当てることは不可能である。私が大嫌いな自己啓発書の類には、ズバッと明快な回答が書いてあるが、哲学をやっているからなのか、ひねくれているからなのか、私には全く響かない。だって、世界って、複雑でしょ？　シンプル・イズ・ベストみたいな言葉は大嫌いであるし、それ以前に、そんな言葉に真理はないし、不毛ですらある。そう、世界はシンプルにはできていないのだ。

元に戻ろう。本章での課題は、どういった仕方で「自然と人間」が語られて
きたのかを問い、それを精査することにある。ここでは、なるべく簡単に（結局、
シンプルやんか！）、この「自然と人間」についての議論を、皆さんと共有できれ
ばとおもう。なぜ「シンプル」と「簡単」とを使い分けたのかが、読んでくれれ
ば、わかるとおもう。概念の使い分けだ。ここで書かれているのは、シンプル
なのではなく、簡単なものだ。意味が異なるのだ。書籍を読むことは、概念に
気をつけながら読むこと、それによって、哲学・思想の方法論が身に付く。と
まぁ、グダグダ言ってないで、早く、やっちまおう。そう、ここでは、古代か
ら中世を経て、近世・近代、そして現代へ、ざっくりと議論を提供し、最後に、
今を生きる私たちが直面している問題系へと引きつけて論じてみよう。

　読んだ後は、こちらから紹介した人物や議論をもとに、さらに調べていって
くれるようになれば、嬉しいことこの上ない。なによりも、どんどん知的欲求
が湧いてくれることを祈ります。さて、はじまりはじまり〜。

1. 古代

　古代から現代に至るまで、自然と人間の関係は常に問われてきた問題系であ
る。その問いに挑戦してきた先達はたくさん存在している。話の枕としては、
どんな教科書でも引き合いに出されるであろうことからはじめていきたい。そ
う、古代ギリシャ哲学だ。

　自然（φύσις, physis）と記述されるその語は、「本来あるがままのもの」として定
義され語られてきた。ラテナイズした文字から後のphysics、そう、物理学と翻
訳される用語も派生しているのはお分かりだろうか。「本来あるがままのもの」
とは、なんだか、不定形で、荒々しくて、野蛮な印象をもつかもしれないが、
この定義の中に、「秩序」（νόμος, nomos）を見出したのが、プラトンだ。

　プラトンは『国家』でよく知られているように、哲人政治を標榜し、エリー
トによる都市国家の統治を理想とした。この考えは、彼の師匠であったソクラ
テスに起因する。ソクラテスは例えばプラトンによる『ソクラテスの弁明』や
『メノン』でも語られているように、魂の向上を訴えた人だった。プラトンが
ソクラテスから学んだのは、一人一人が魂の卓越性を磨き、哲人となり、都市
国家の統治者となることだったのだ。そのプラトンはアカデメイアでの教育に
よって、優秀な統治者を育成し、その人こそが理想的な政治を行うべきだと考

えた。

　しかしながら、『国家』の後に、プラトンはこの哲人政治をあり方に疑問を抱く。もし哲人政治が不可能な場合、何が最善だろうか、と問うたのだ。そこでその後に書かれた『法律』では、善き法の下に人々が統治されるあり方こそが最善なのではないかと考えた。この時に語られる、「善き法」とは何だろうか。ここで「秩序」が登場する。この「善き法」は「秩序」に基づき、そしてこの「秩序」は「自然」の中に見出されるのだとプラトンは捉えたのである。

　晩年にプラトンは『法律』と並んでこの「自然」に関する議論を展開している。その書物のタイトルが『ティマイオス』である。『ティマイオス』は、いわば宇宙生成論であり、この「自然」のあり方を大々的に展開した形而上学でもある。そう、この「自然」は生成するという完璧な「秩序」を有しているのだ。

　こうした議論を批判的に継承したものに、アリストテレスがいる。アリストテレスは、生成だけでなく、消滅もするのがこの「自然」のあり方であり、この「自然」は科学的な分類によって分析が可能であるとするのが彼の持論だ。明晰判明な論理を生み出していったアリストテレスは後の時代の科学的思考を準備するものとなるだろう。またアリストテレスは目的論的自然観でこの世界の神羅万象を語ろうとした。目的論的自然観とは、この世界にあるすべてのものは、目的を有しているとする考え方だ。例えば人間は幸福になるために生きているのであり、種は花になるために、木は机になるために、といったように。こうした目的論的自然観は、人間だけではなく、「すべて」の存在にあるものとして考えられている。こうした「すべて」の存在は、人間に限ってみても、もちろん、たとえ言葉や肌の色で差異化されようとも、「すべて」の人間は原理的に同等に目的を有する存在であると考える。だから人間は原理的に平等なのだ。ここからこの「すべて」の議論は、政治においても敷衍される。政治では、一部の人間の利益を追求するのでは毛頭なく、「すべて」の民衆の利益が追求されることが政治のあり方である。そうした「すべて」の民衆を幸福にするべく政治が探究されるべきだと考えた。

　ローマ時代になるとキケロやストア派の哲学者たちがこれらの問題系を思考し続けることになる。キケロは『国家論』の中で、「国家」とは「法によって結びついた人々の共同体」と定義した。そこで「法」とはなんだろうかという疑問が湧く。『法律論』では「法」はこう書かれている。「国家以前から存在する自然のうちにある」と彼は定義づけているのだ。このことから、全人類に普遍の

「法」の存在が議論されるようになった。ここに「すべて」の人たちの「秩序」である「法」という考えが展開されるようになり、これは6世紀の皇帝ユスティニアヌスの『ローマ法大全』の萌芽となるだろうし、次第に自然法という枠組みで語られるようになる。

　いずれにせよ、キケロの思想はストア派の文脈に沿ったものである。ストア派とは、ゼノンを始祖として柱廊（ストア）で彼が教えたことにその名が由来するものであるが、その思想の内実として「コスモポリタニズム」を挙げることができる。「コスモポリタニズム」とは人類が普遍的な自然の法に従っている限りにおいて皆平等であるという考えだ。つまり、ここでも「すべて」の人間は原理的に平等な存在なのだ。宇宙の万物は自然の法によって支配されており、秩序づけられている。その秩序を見出すために、理性（ロゴス）が必要となる。そう、古代においては、自然とは人間の理性によって秩序づけられたこの世界のあり方が見出されることによって語られるものであったのだ。

2. 中世

　ここまでの議論を土台として、中世になり、自然と人間の関係について論じた代表的な思想家にトマス・アキナスがいる。トマスはアリストテレス哲学とキリスト教思想とを融合させたもののうちの一人である。

　とりわけ、先にも述べたアリストテレスの目的論的自然観をキリスト教の創造説で再解釈する。つまり、人間とは、神によって作られた被造物であり（創造説）、被造物は全て神の完全性へと向かう（目的論的自然観）といったものだ。このとき、人間は神へと向かおうとする自然本性（nature）を有するとしており、このことを「能動的理性」と呼んでいる。神が存在し、自然本性を有する人間が存在するといった二元的なあり方をトマスは考えているのであるが、人間は神に似ており、程度の差異しかないと議論している。これを「存在の類比」と呼び、神がいっそう、私たち人間にとって身近な存在として語られるようになった。ユダヤ教やイスラームでは神との隔絶性が議論されている一方で、トマスにとっての神は身近なのだ。国家権力を拡大させるために異教徒をキリスト教に誘い込むためにも神の存在が身近であると説明がしやすく、仲間に引き入れやすいといったことも踏まえるとわかりやすいかもしれない。

　さて、トマスも自然の法について論じている。その内容を紹介しよう。人間

は何よりもまず、神の「永遠法」に従い、その神の完全性を欲し、その自覚が人間に「自然法」をもたらすのだと述べている。神は絶対であり、相対的にしか存在していない我々はともすれば完全に理解したなどとゆめゆめいうことができないかもしれないが、キリスト者からすればあるとしか言いようがない、永遠法がこの世界の基盤にある。その上で、自然法がたゆたい、ここから私たち人間の日常の秩序が生まれる。この日常の秩序に実定法が位置することになり、永遠法・自然法・実定法の三層構造で法の議論が検討されている。実定法は、自然法を基盤にし、共同体を指導するものによって制定される。このとき、理性による「共通善」が目指される。「共通善」とは、物理的な福祉のレベルに留まらず、それをも超えた人々の良き生活一般のことである。こうした「法」についての古代ギリシャからの議論が、先の目的論的自然観と合わせて、キリスト教を肉付けするために、参照されていき、次第にヨーロッパの思想なるものが成立していった。そこでは常に、人間と自然、そして神が語られているのである。

　中世後期になると、キリスト教会には大きな変動が生じるようになった。教皇の権力と皇帝権力とが争うことになってゆく。そうした中で次第に教皇権力から国家が独立していくといった事態が生じるようになった。

　ダンテは当時フィレンツェの市政に携わっていた。この頃の北イタリアは教皇派と神聖ローマ皇帝派とに分かれ熾烈な権力争いが勃発していた。この渦中に巻き込まれたダンテは市外追放を言い渡され、流浪の中で多くの作品をものしたのである。ダンテの代表作『神曲』は、キリスト教権力の象徴であるラテン語ではなく、民衆の言葉であるトスカナ語で書かれ、後のイタリア語の基礎となったということも知っておいても良いかもしれない。話を戻すと、本書の文脈に関わる範囲では、『帝政論』の中で彼は自然を論じている。教皇権と皇帝権を二大権力として規定し、皇帝による全人類レベルでの帝政を構想した。この世界には、超自然的目的と自然的目的とがあり、政治は後者に属すると述べたのだ。政治は人々に現世の幸福をもたらすものである一方で、教会はあの世の幸福をもたらす。それゆえ教会は政治に介入してはならないとして、断罪した。ここからルネサンス期に入ると、キリスト教の思想ではなく、現実のあり方を巡って議論が展開されるようになる。近代に入ると、自然の語り方に大きな変革が生じた。自然科学革命である。

3. 近代

　十六世紀や十七世紀に入ると自然認識のパラダイムが生み出されるように
なったのは周知の事実である。自然の語り方が従来の目的論的自然観ではなく、
機械論的自然観で議論がなされるようなった。

　ガリレイの『天文学対話』では、目的論的自然観を軸にアリストテレス的な
議論を展開するシンプリチオと、機械論的自然観を軸にガリレイの代弁者とし
て議論を展開するサルヴィアチ、それに加え、良識人のサグレドが四日間にわ
たり論議し、機械論的自然観の優位性が語られていく。中でもサルヴィアチ（＝
ガリレイ）が語るもので重要なのは、幾何学を基にして自然を認識する方法につ
いてである。神は聖書と自然という二つの書物を通じて私たちに語りかけてく
れるわけであるが、もしこの二つが矛盾する場合、聖書の解釈を再考すべきで
あると論じる。なぜなら、聖書は論証不可能であり、幾何学は論証可能である
からだ。

　ガリレイによれば、自然は数学という言葉で書かれており、自然の解明のた
めには三角形や円などの幾何学図形を用いて、形・数・運動、つまり量的な実
在性こそ自然認識を形成する。

　こうした議論をさらに徹底したものに、フランシス・ベイコンがいる。ベイ
コンの自然観は、あるがままに観照されるということではなく、人間の役に立
つために存在するものである。自然は技術によって支配されて意味があるもの
なのだ。技術を通じて人間が自然へ介入し、自然の姿を変容させ、それによっ
て人類の福祉を推進させることが重要になってくる。

　機械論的自然観から人間のあり方を刷新したものに、デカルトがいる。

　デカルトは自然現象を、分割・形態・運動という幾何学的概念で機械論的に
構成したのであるが、人間をも自動人形として検討した。ただし、人間には「精
神」が宿り、他の物体とは異なる視点をも提供している。「精神」は機械論的な
自然を構成する「物体」を認識することができる唯一のあり方だ。だからデカ
ルトからすれば人間が（機械論的）自然の優位に立つ。精神を持つ人間は明晰・
分析・秩序づけ・総合という四つの規則を導出することができる唯一の存在な
のだ。

　こうしたデカルトの考えに多大な影響を受けた存在にニュートンがいる。彼
のマグナム・オパスである『自然哲学の数学的諸原理』では、この自然のあり

方を万有引力の法則や運動方程式によって記述し、古典力学を大成させた。他にも微積分法を発明するなど（他にもライプニッツがいる）、その後の自然を記述する方法の中で、後世に多大な影響を与えた人物である。

　他にも、自然と人間のあり方について議論し、それを社会に結びつけた思想家たちがいる。ここではホッブズ、ロック、ルソーについて記述しよう。

　彼らはいずれも自然状態を定義することで、そこから招聘されるべき国家、あるいは社会のあり方を検討している。

　ホッブズは、デカルトと同様に、人間を機械論的自然観で語っていたのであるが、精神的な次元をも因果関係によって派生していくという議論を展開していた。その人間は反応や反発をしあうことで（つまり、因果関係で）その生を維持しようと努めていく存在であるが、そうした人間は多数存在すると、他者と敵対し合う関係へと変貌する。だからこうした人間の自然状態を「万人の万人に対する闘い」として仮説をおき、そこからいかにして脱するべきかを論じる。そこで、ホッブズは自然法に服従することでこの闘争状態から逃れることができるとするのであるが、人間はこうした自然法を守り切れるとは考えていなかった。もし守らなければ、公権力によって厳しく罰することで自然法を擁護し、その自然法によって統治する権利そのものを人間ではない別の存在にその権利を放棄、ないし譲渡することを提案する。ホッブズはこう述べている。

　「この公共的な権力を確立する唯一の道は、すべての人の意志を多数決によって一つの意志に結集できるよう、一個人あるいは合議体に、かれらの持つあらゆる力と強さとを譲渡してしまうことである」[1]。

　権利を譲渡することで、自然法を実現させる。この時に託すのは、平和と防衛を人間に保証する地上の神こと、リヴァイアサンである。つまり、リヴァイアサンが主権を持ち、人民を統治するといった議論であり、これは絶対王政を支える理論として支持されたのである。

　これに対して、絶対王政を批判した思想家がいる。ロックである。彼はその著書『市民政府論』の第一部でフィルマーの『父権論』を批判することで絶対王政を批判した。『父権論』では、旧約聖書を論拠に、神がアダムに与えた家父長権こそ国王権の根拠だと主張し、国王権に背くことは神にもそむくことだと述べた。これを王権神授説という。こうした根拠なき根拠を据えたフィルマーに対してロックは、聖書を再検討する。聖書をひもとけばわかるように、実のところ、アダムが神から政治権力を与えられたなどという記述はどこにも見当たら

ない。こうした観点からフィルマーの王権神授説を論駁したのである。

　それでは、ロックにとって人間の自然状態とは一体如何なるものなのだろうか。彼にとって、自然状態とは、こうしたものである。

　「人はもともと完全に自由な状態にあり、自然法の範囲内であれば、自分の行動を自分で決め、自分の財産や身体を思いのままに処することができる。その際、他人の許可を得る必要もないし、他人の意志に左右されることもない」[2]。

　しかしながら、人間の自然状態では不完全な部分があるという。それは労働によって得られた財産を所有の観点から十分に享受することができないといった論点がある。というのも、自然状態では、紛争を裁定する共通の尺度としての実定法、紛争解決にあたる裁判官、裁判の判決を執行する権力が欠けているからだ。そこで、自然状態の人間は自らが持つ権利を完全に放棄するとともに、それらを共同社会に譲渡することを主張する。これに同意することで、所有権が保証され、統治形態が定められることになる。むろん、ロックにとって人間の所有権や生そのものが保証されることが第一義にあるがゆえに、このときの統治形態がもし人間を不当に弾圧などしようものならば、人間は権力を打倒できる権利をも有すると語る。これが革命権である。

　最後にルソー。ルソーは『人間不平等起源論』で自然状態を定義している。彼が考える自然状態とは、文明が発生していない未開の状態であり、そこにいる人間もまた未開の人間であるとされる。この時の未開状態の人間とは一体どういった存在だろうか。ルソー曰く、無知で言葉を離さず、悪しき情念を持たず、「自己愛と憐憫の情」つまり、他人の痛みを自らの痛みとして感じ取れる能力を有する存在だ。この時の社会のあり方は、諍いも起こらず、万事調和である。この点はホッブズと真逆である。

　しかしながら、現在の人間はというと、言語を使用し知識を獲得するようになった。これにより自然人が有していた調和の感情を失ったのである。また技術の発明によって人々の暮らしを変えてゆき、人間社会を堕落の歴史として描いている。仮借なき文明批判を行ったルソーではあるが、自然状態に戻れるとも、未開状態の人間に戻るべきとも考えてはいない。ではどうするべきか。自然人が有していた感情をうちに回復するような新たな社会秩序の構築を目論むのだ。そう、それが『社会契約論』である。

　『社会契約論』では、所与の関係から出発して既存の制度を正当化する社会

論を批判する。ロックの考えた所有権についても手厳しい批判を行う。他に社会秩序の正当性は全て人民の合意から来ると宣言もした。この他の議論については本章のテーマとは異なるので、簡単に述べる。

『社会契約論』で検討に値する議論として取り上げることができるのは一般意志という概念についてである。これは「つねに公益を目指すことになる」共同体の意志[3]である。つまり、一つの共同体の自我、あるいは「私たち」と呼びうる公的な人格のことだ。この一般意志に参加し、決定を下し、従うこと、これがルソーの考える自由であった。一般意志には、能動的な側面と受動的な側面がある。前者は、法を作る一般意志である市民、後者は一般意志が作った法に従う人々である臣民、これら合わさって、一般意志を行う人民である。

4. 現代

現代については筆者の専門であることから、様々な角度から議論を提起することができる。ひとまずこの項目ではマルクスの自然観について紹介し、その後に、その諸相について紹介しよう[4]。

マルクスは人間を自然存在として捉えていた。動植物と同等の生命観を有し、人間は自然の一部であるといった観点である。この意味で、人間は自然の影響を被る側面がある。受動的な存在としての人間だ。その一方で、自然に人間は働きかけることができる。能動的な存在としての人間だ。これに加え、社会的存在として提起されるものがある。これは、人間は、自然物や他の人間とともに、生産や創作を行うという側面だ。受動・能動に加え、共生の側面がある。

しかしながら、これらだけで現代生活が遂行されるわけではない。資本主義が加わる。具体的な自然があり、そこから人間の行為によって商品や貨幣が存在してゆくべきなのであるが、実際は、商品や経済活動があって、人間や自然が存在するものだとして問題が提起される。

とりわけ初期マルクスは「疎外」を問題視していた。疎外は、人間からその労働力や労働生産物を奪い取っていくことであり、人間らしさが抹消されていくことだ。この疎外を推し進める原動力が資本主義なのだ。

またここから環境公害の問題も析出される。乱開発などによる自然を疎外するという側面だ。人間と自然は疎外されることで資本主義は進展してゆくのだ。

付言すると、こうしたマルクスの自然と人間の論述は様々な論者が今もなお

議論を行っており、これから研究をするのにうってつけの問題系であるのは間違いない。

4.1. ポスト・ヒューマニズム

人間についてもう少し現代の諸相を検討してみよう。この「人間」という概念そのものが実のところ新しい概念であると同時に、現在では存在しないのではないかといったラディカルな考えを提起しているものがいる。ミシェル・フーコーである。

サルトルに代表されるように、人間は歴史を形作ってきたとする言説がある。こうした言説はマルクスの歴史観に依拠したものだ。歴史の歩みとは人間の歩みであるとする考えだ。こう考えると、生物としての理性的な人間は、常に難題を解決し、主体性をもって歴史を切り開いてきたことになる。しかしながら、歴史が変化すると考えられるのは、一体なぜなのか。それと同時にそうした変化を可能にする人間とは一体どういったものなのか。

フーコーからすると、歴史に主体性などはなく、ただ細切れのワンシーンごとの集積でしかない。フーコーの手つきとしては、人間概念がどのように語られてきたのかということをある一定の時期に定めた上で、その語られ方の変化を歴史的な資料から読み解いていくことにある。ヒューマニスティックな人間はかつて存在していたかもしれないが、マルクスが述べるように、資本主義によって徹底的に非人間化された私たちにとって、もはや人文主義的な人間観など無意味である。その意味で、フーコーは「人間の終焉」を語った[5]。

歴史もまた、脈々とつながりがあり、それが現在へと至るという通説で語られるべきものではフーコーにとってはさらさらない。歴史の出来事は時代が異なれば、相互に関連づけることなどはできない代物であり、「新たな時代の萌芽」なるものが「それ以前の時代」に育まれるわけでもない。「新たな時代」は説明不可能な形で突然脈絡もなく現れるものであり、サルトルやマルクスが述べていたように、歴史に進化のパターンなどは存在しないのだ。「過去」もまたぶつ切りの無関係な展開が並んだものである。この意味で、「認識論的切断」がなされているのが、この世界なのだ。

こうした観点からポスト・ヒューマン的な議論が展開されているのが現代である。そうであるが故に、人間について語るよりもむしろ、自然について語ることが言説のテーマとなったのが現代だ。

代表的な議論を取り上げよう。「私たちは近代であったことなどなかった」[6]と述べた科学社会学者のブリュノ・ラトゥールによれば、「主体／客体」「文化／自然」といった近代的二分法そのものは、神話であり、むしろ、両者は混交し、ハイブリッドなのだという議論が立ち上がる。とはいえ、人間中心主義はいまだに強靭な議論を提供している。生物学的限界を超えるために、コンピューターテクノロジーで人間と機械を統合するといった議論や（シンギュラリティ理論）、人間と機械の融合による人間能力の拡大といったサイボーグ論、さらには遺伝子工学によるリベラル優生学などのトランスヒューマン論など枚挙にいとまはない。いずれにせよ、自然と人間は分節化可能なものなのだろうか。

4.2. 人新世

自然についての議論が昨今登場している理由に、「人新世」という術語の流行がある。むろん、ただの流行ではない。これは地質学的な領域での現在の学術的な呼び名として定着しつつある用語だ。古代ギリシャ語でアントロポス（anthropos）は人間存在を、そしてカイノス（kainos）は「最新の」という意味を有し、それらが結合して人新世（Anthropocene）という語が地質学者のパウル・クルッツェンらによって使用され、語られるようになった。気候変動に関する科学者であるウィル・ステッフェンの分かりやすい定義をここではひとまず引こう。人新世とは「地球環境における人間の痕跡が今や広範で激しくなったことで地球システムの機能に衝撃を与え、自然の他の巨大な力に匹敵するようになった」時代のことである[7]。

人間が蒸気機関を発明してこの方、温室効果ガスが大量に排出されるようになり、メタンは150%、亜酸化窒素は63%、二酸化炭素は43%ほど1750年代に比べると濃くなった。二酸化炭素の濃度は産業革命前には280ppmだったが、2013年には400ppmまで増加し、急速に地球環境に変化が及ぶようになった。

これにより、地球温暖化が加速し、南極の氷が溶け海水が上昇、そこから地表が海に覆われていく危険性が高くなっていった。これに加え、地球の生態系が破壊されていき、生物の多様性は崩壊、さらには人工的なゴミ（プラスチックなど）が地球の自然物として扱われるようになっていった。完新世は、人間の手によって、新たな時代、つまり人新世へと移行したのだ。こうした議論を背景に、哲学や思想のみならず、環境・生態系の議論の中で、人間による自然環境の改変と、それに伴う危険性について検討されるようになった。

直に人新世について議論しているわけではないが、ここで前世紀の自然哲学者であるホワイトヘッドの議論が参考になるかもしれない[8]。ホワイトヘッドは、人間と自然とを認識論的には当然のように区別しつつも、存在論的には同じ地平で哲学を展開した。山も川も、塵芥も人間も、犬も石ころも同じ、具体的な出来事あるいは現実的存在として捉え、そこから抽象的な物質や観念などを導出することができると語っていた。具体的な出来事から抽象的な対象を取り出すことで、この世界の複雑な有様と、その複雑な有様をよりクリアに見通すことができる分析的な対象と腑分けすることで、それらの相関関係と相互の規定方法を検討したのだ。

　もう少し、わかりやすく、これとパラレルな方法で、再びマルクスとマルクス主義（ここではアルチュセール）の議論を召喚してみよう。マルクスは様々な事象にはそれをそれ成り立たしめる根本的な構造があると考えた。それが下部構造である。様々な事象は上部構造と呼ばれ、それがそれ足りうる理由を下部構造に位置する、経済的現実に求めた。例えば、ピカソのゲルニカがなぜ描かれたのか。戦争経済によって荒廃した世界があり、スペインの荒廃した姿が上部構造の芸術という側面として描かれたと考えることができるだろう。あるいはバブル経済期に日本で流行した絵画にラッセンの絵画がある。ただひたすら綺麗な姿のイルカが、何の意味もなさそうに描かれている（意味な何かしらあるのかもしれないが、寡黙にして知らない）。これは、美術の価値など何もわからなそうなバカな子金持ちが、絵でも欲しいなぁ、という具合に手に入れたいわかりやすい絵画の象徴でもある。いずれにせよ、経済状況こそが、その表象を成立させるのだ。こうした「下部構造が上部構造を規定する」といったマルクスの議論が、のちにアルチュセールによって、刷新される。「重層的決定」という議論だ[9]。下部構造には経済だけが位置するのではなく、さまざまな要因、つまり政治であったり、社会であったりなどの具体的であれば何でも要因となりうる。だから重層的なのだ。そうした重層的な規定が上部構造を形作る。これはホワイトヘッドの具体性も同様だ。自然であれ、人工物であれ、人間であれ、複雑な（かつ多様な）要素が出来事であり、現実的存在としてこの世界にある。その上で、そこから物理学的な時間概念であったり、心理的な時間概念であったりが、あるいは太陽についての天文学的な知識であったり、太陽についての詩的な語りであったりが、取り出されることになる。

　何を述べたいのかというと、人新世において自然環境には、純然たる自然物

だけでなく、人間による人工的な産出物もまた地球環境に撒き散らされている現在において、それは複雑で（多様な）具体的な出来事としての自然が今ここに出現している。そこから、地球環境を守りながら、人間の営為をある一定程度肯定するために、それぞれの切り分けを行うべく、抽象的な対象を導出し、それらの諸関係を見直していくべきなのではないだろうか。

4.3. 資本世、あるいは人間について

しかしながら、今一度、こうした議論がなされる前提条件を考えてみても良いかもしれない。なぜ自然に人工物が撒き散らされるようになったのだろうか。これはポスト・ヒューマンがいくら喧伝されるようになろうとも、全て人間が原因である。人間のあり方が問われているのである。さらには、なぜ地球規模でこのように、危機をもたらすようになったのかを前提条件を考えてみても良いかもしれない。経済状況、それも資本主義による大量生産が原因ではないのだろうか。資本を投下し、利潤を獲得するという単純なテーゼのために、投下された資本によって地球環境は破壊され、獲得された利潤は再び、地球環境を破壊しながらその目的を遂行していこうとする。

アナキストであり環境思想家であるマレイ・ブクチンの議論が参考になる[10]。人間がこうした自然を破壊する様は、人間中心主義として人間が語られるようになった一方で、人間が地球の害悪であるから、人間よりも自然を上位に立たせ、自然こそが崇高であると考える自然中心主義もまた語られる。しかし、人間は本当に害悪なのか。そうであれば、人間など消滅してしまえば良いのではないか。むろん、そんなはずはない。このように大量に温室効果ガスを排出しているのは企業であり、プラスチックを出しているのは企業であり、自然環境に溶け込むことができない化学製品を作り出しているのは企業である。人間が単に害悪なのではない。企業である。さらに述べるならば、資本主義が害悪なのである。だから、資本主義をこそ打つべきなのではないか。ブクチンはそう考えた。

こうしたブクチンの議論を思い起こすならば、人間ではなく、資本主義の時代の地質変化・気候変動なのだ。だから人新世ではなく、資本世と呼ばれるようにもなりつつある。私たち人間は、自然の一員である。その一方で自然を資本主義を通して改悪する存在でもある。人間が、資本主義を廃絶することで、自然の一員である人間のあり方を呼び覚ますことができるようになるのかもし

れない。資本主義粉砕！　革命万歳！　以上。

1｜ ホッブズ（永井道雄、上田邦義訳）『リヴァイアサンⅠ』中公クラシックス、中央公論新社、2009年、237頁。

2｜ ジョン・ロック（角田安正訳）『市民政府論』光文社古典新訳文庫、光文社、2011年、15頁。

3｜ ジャン・ジャック・ルソー（中山元訳）『社会契約論／ジュネーヴ草稿』光文社古典新訳文庫、光文社、2008年、65頁以下参照。

4｜ 例えば、カール・マルクス（長谷川宏訳）『経済学・哲学草稿』光文社古典新訳文庫、光文社、2010年、188頁以下参照。他にも日本語で読めるものとして、斎藤幸平『大洪水の前に　マルクスと惑星の物質代謝』堀之内出版、2019年も推奨したい。

5｜ フーコーは次のように述べている。「人間は、われわれの思考の考古学によってその日付の新しさが容易に示されるような発明に過ぎぬ。そしておそらくその終焉は間近いのだ…（中略）…賭けてもいい、人間は波打ち際の砂の表情のように消滅するであろうと」（ミシェル・フーコー『言葉と物　人文科学の考古学』新潮社、1974年、409頁）。

6｜ ラトゥールの邦訳は（川村久美子訳）『虚構の「近代」科学人類学は警告する』新評論、2008年であるが、その原著のタイトルがまさに、Nous n'avons jamais été modernes である。

7｜ 人新世については、クリストフ・ボヌイユ&ジャン=バティスト・フレソズ（野坂しおり訳）『人新世とは何か』青土社、2018年を推奨したい。また、先のラトゥールも気候変動に通いて書いている（ブルーノ・ラトゥール（川村久美子訳）『地球に降り立つ　新気候体制を生き抜くための政治』新評論、2019年）。

8｜ ホワイトヘッドの「自然」については、アルフレッド・ノース・ホワイトヘッド（藤川吉美訳）『自然という概念』松籟社、1982年や、（山本誠作訳）『過程と実在（上下）』松籟社、1984年、あるいは森元斎『具体性の哲学　ホワイトヘッドの知恵・生命・社会への思考』以文社、2015年を参照。

9｜ アルチュセールの「重層的決定」については、例えば、ルイ・アルチュセール（河野健二、田村俶、西川長夫訳）『マルクスのために』平凡社ライブラリー、平凡社、1994年、165頁以下を参照。

10｜ ブクチンの議論については、マレイ・ブクチン（藤堂麻理子、戸田清、萩原なつ子訳）『エコロジーと社会』白水社、1996年を参照。

第 2 章

宗教とコスモロジー

滝澤克彦

Katsuhiko **Takizawa**

Chapter 2

Religion and
Cosmology

Keyword:

宗教

コスモロジー

人間

生命

自然

肉体

精神

進化論

人種

1. コスモロジー、科学、宗教

1.1. コスモロジーとは [1]

「コスモロジー」とは、ギリシア語の「コスモス」と「ロゴス」からなる言葉である。「コスモス」とは「宇宙」を意味するが、特に秩序だった規則的運行を続けるものとしての「宇宙」を表している。ゆえに、その対となる言葉は「カオス（無秩序）」である。「ロゴス」とは、まさにそのような秩序そのものを指している。つまり、「コスモロジー」は、宇宙に内在する秩序に対する人間の探究を表すものであると言えるだろう。一般的に、日本語には「宇宙像」や「宇宙観」、「宇宙論」などと訳される。それは「この宇宙がどのような秩序をもち、どのように成り立っているのか」を問うものである。この問いは、宇宙を認識し、そのなかで生きている人間自体が、どのように存在し（人間観、生命観）、どこから来てどこへ行くのか（霊魂観、他界観）という問題もそこに含んでいる。

1.2.「科学的」な宇宙像？ [2]

現代人に宇宙について尋ねると、多くの人は一定の像を思い浮かべるだろう。我々は丸い地球の上に暮らしており、その地球が太陽系に属していて太陽の周りを回っている。さらにその太陽系はより大きな銀河系に属しており、そのさらに外側に別の多くの銀河が存在する宇宙の広がりがある。現代において宇宙（コスモス）といえば、このような像そのものをさす言葉となっている。そして、そのような宇宙像が、科学的に裏付けられたものであるということを疑う人は多くはない。

しかし、歴史を振り返ってみると、人類は、現在とは異なるさまざまな宇宙像を描き出してきた。例えば、古代エジプトでは、平らな大地が水の中に浮かんでおり、太陽は船に乗って天を渡り、西の海で夜の船に乗り換えて、地下の暗闇を通って東の海に戻ってくると考えられた。古代バビロニアでは大地とそれを囲む海は円盤状をしており、その縁は球形の天と接していて、そこに神々が住むと考えられた。一方、古代インドでは、世界は円柱形の大地が階段状に重なった形をしていて、その最上段に人間が住んでいるとされた。そこには8つの回廊状の海と7つの山脈があって、中心に須弥山という高山がそびえている。また、古代北欧では、大地は三層の構造をもっており、ユグドラシルとい

う大木がそれらを貫いている。各層のあいだは、虹やユグドラシルの根によってつながれているという。これらのコスモロジーは、我々から見れば荒唐無稽なものに思われるかも知れないし、しばしばそれらの宇宙の中に死後の世界や神々の世界が描かれていることを考えれば、科学というよりも宗教的なコスモロジーと呼べるようなものかもしれない。

　ところが、いったい何をもって我々はこれらのコスモロジーを荒唐無稽であるとか、非科学的であると言うことができるだろうか。おそらく、そこには先述したような、現在のコスモロジーが科学的に証明されているという確信があるのだろう。しかし実際のところ、現代の宇宙像がどのような科学的根拠に裏付けられたものであるかを客観的・具体的に説明できる人が、果たしてどれだけいるだろうか。そのような意味では、古代の荒唐無稽な、あるいは宗教的なコスモロジーと、我々が「科学的」と考える現代のコスモロジーも、認識の仕方においては、それほど大きな違いがないのかもしれない。つまり、宇宙がそういうものであると「信じている」のである。

　ちなみに、コロンブスの時代、地球は平らな円盤状と考えられており、彼が船出する際に、地球の果てから地球外へ船が転落してしまうのではないかと恐れて反対する人々がいた、という逸話がしばしば語られるが、それは19世紀から20世紀にかけて作られた話らしい。実際には、ヨーロッパでは古代から、地球が球形であるというのは主流の考え方であり、近世に至るまで図画でもほとんど球形で描かれていた。この手の逸話の創作は、古い時代を劣ったものとして描くことで、現在を過大評価しようとするような歴史観（進歩史観）において、よく用いられる手法である。自らの立ち位置を優越視するこのような考え方にとらわれないよう気をつけなければならない。

1.3. 進化論と創造論

　「宇宙」についての空間的なイメージについては、まだ広く妥当なものとして認められているかもしれない。しかし、コスモロジーのなかには、いまだに大きな論争の的となっているものもある。その代表例が、生命の起源に関するものである。この問題は、まぎれもなく宇宙がどのように存在しているのか（きたのか）を探究するコスモロジーの一部である。宇宙の姿が空間に関するコスモロジーであるとすれば、「生命の起源」は時間的なコスモロジーの問題でもある。その場合難しいのは、空間と違って時間、特に過去の事実については簡単

に確かめられそうにないことである。

　一般に日本の公教育では、生物がどのようにして現在のような姿になったのかを、進化論によって説明する。ところが、世界の総人口に対する割合で考えてみれば、この考え方は、そこまで圧倒的な支持を得ているわけではない。例えば、アメリカでは、3割から4割ほどの人が、進化論を認めておらず、神的なるものがこの宇宙とそこに生きるあらゆる生命を文字通りの意味で「創造した」と考えている。この一般に「創造論」と呼ばれる考え方は、世界全体においては非常に大きな勢力をしめている。進化論を正しいと思う人たちは、創造論を非科学的な考え方として一蹴するかもしれない。しかし、これも先ほどの宇宙像と同じで、いったいどれほどの人が、進化論の真偽を科学的に説明することができるだろうか。特に興味がある人でもなければ、おそらく進化論自体の内容もほとんど把握していない。だから、「ヒトはサルから進化してきた」という不正確な説明がしばしばなされるのである（正確には、「ヒトとサルはそれぞれ共通の祖先から分かれて進化してきた」である。この違いは重大な問題を含意する。これについては後述する）。多くの人は、ただ学校で「進化論が正しい」と教えられ、それを「信じている」だけなのである。

　このようにして見てくると、特定のコスモロジーを「科学的」か「非科学的」か、あるいは「科学的」か「宗教的」か断じる前に、いろいろ考えてみないといけないことがありそうだ。まずは、生命に関する科学の歴史をたどりながら、この点について、少し突き詰めてみることにしよう。

2. 生命観の系譜

2.1. 循環する「いのち」

　最近の漫画やアニメには、「異世界転生」と呼ばれるジャンルがあるらしい。死を経験した主人公が、死後、同じ人格あるいは別人格として生まれ変わり、前世とは異なる設定のもと物語が展開されるという類いのものである。細かな違いこそあれ、転生の前と後をつなぐのは主人公の意識や記憶の連続性であり、それに対して両者を隔てるのは肉体あるいは所在する世界の変化である。このような「世界観」（物語の設定）は、少なくとも現代の読者にとってそれほど違和感があるものではないらしい。なお、そのような「転生」は、仏教的な輪廻転

生の「転生」とは大きく異なっている。これも多様な理解があるだろうが、少なくとも仏教における輪廻転生には、意識や記憶のような転生の核になるようなものはないと考えるのが一般的である。

　一方、民俗学では、日本人の霊魂観について独特の説明がなされてきた。あくまで、伝承や行事などをもとにした一つの解釈にすぎないが、日本人の霊魂観では、人の「いのち」は、生まれてから死ぬまでの線分で表されるものではなく、死後に再び生へとつながる円環の形で表されるという[3]。そして、「生から死まで」と「死から生まで」の経過は互いに対応する。例えば、生後には7日目にお七夜、1ヶ月後にお宮参り、その後に七五三、と段階的に成長が祝われ成人を迎えるが、死後も初七日、四十九日、一周忌、三回忌、七回忌、十三回忌、とつづき、最終的に三十三回忌（あるいは五十回忌）で弔い上げを迎える。弔い上げによってホトケ（死霊）は死者としての個性を失い、「ご先祖さま」という集合的なカミ（祖霊）となる。生者の子どもが養われるように、死者の霊も供養による養育が求められるのである［図1］。民俗学者の柳田国男（1875-1962）による「七つ前は神のうち」という言葉があるが、これは子どもという存在をカミと人間の過渡期として、円環図式のなかに捉えようとしたものである。また、柳田は『先祖の話』（1946）において、死者の魂が、死後時間がたつにつれ屋敷から次第に遠ざかり、祖霊となるころには山の上にいて、子孫である生者を見守り、豊穣をもたらす存在になる、という霊魂観を日本人固有のものとして論じている。

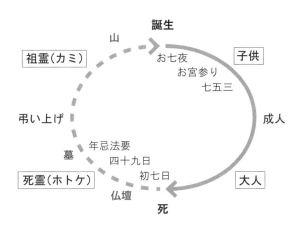

[図1] 生と死の円環図式

このように描き出された「日本人の霊魂観」が、実際のところどれほど妥当なものかについては議論の余地があるが、ここで描かれている「いのち」の循環が、「異世界転生」の「転生」とずいぶん違うものであることに注意してほしい。祖霊がすでに集合化し、個性を失った存在であることからも分かるように、円環が表すのは一つの個体としての魂の生まれ変わりではない。当然ながら、死から再び生を迎えるプロセスには、意識や記憶の連続性はない。それでは、いったいそこで何が循環しているのだろうか。山に登った祖霊が生者に対してもたらすのは、豊穣である。柳田は、山の神と田の神が春と秋に交替するという伝承が日本各地に存在することに注目し、それは、祖霊が田の神の姿をとってその霊力によって稲の生育などの豊穣をもたらすことを表しているのではないかと考えた。このような観点からは、生と死の円環は、いわば「生命力」のようなものの循環を表しているといえる。

　例えば、かつて日本に、稲の霊は鹿のお腹に宿って越冬するという考え方があったという。鹿は秋に懐妊し、春に出産する。生まれてきた子鹿の背には、米粒のような白い斑点がある。それが、その証であると考えられた。8世紀初頭に編纂された『播磨国風土記』には、一人の女神が、鹿の腹を割いて、その血を種籾に混ぜて蒔いたところ、一夜にして苗が生じたという、鹿のもつ霊力についての逸話が載せられている[4]。動物や植物が、不在のあいだ、他のものへ移ったり、姿形を変えながらその生命力を維持し、再び戻ってくるという考え方は、先述した人間の場合と同じ構図である。そこで循環しているものは、意識をもった人格的な魂というよりは、形を変えたり、合わさったり、離れたりする、漠然としたエネルギーのようなものである。

2.2. いのちと生命

　「いのち」という言葉の語源には諸説あるが、もともと「『い』の『ち』」であり、「い」が「生きていること」あるいはその源、つまり生命力のようなものを表しているという理解は、概ね共有されているようである（「ち」については「内」や「力」など諸説あり）。この「い」は「息」「生きる」「息吹」「憩い」「癒える」などの「い」と共通する。また「祈り」の「い」がそれに由来するという説もある[5]。ともかく、先述した日本人の霊魂観として描かれる円環は、まさにそのような生命力としての「いのち」の循環であるとも言える。

　ところで、世界の多くの言語にも、日本語の「い」と似たような言葉があり、

同様に「息」などにつながる意味をもっている。例えば、ルーアハ（ヘブライ語）、プネウマ（ギリシア語）、スピリトゥス（ラテン語）、プラーナ（サンスクリット語）、ルン（チベット語）などである（これらの語は、しばしば「風」という意味も合わせもつ）。このような普遍性を考慮すると、日本民俗学で描かれた「いのち」の循環のようなものは、日本人だけに固有のものとも言えない。

　実際、柳田国男にも大きな影響を与えた英国の民俗学者ジェームズ・フレーザー（1854-1941）は、その代表作『金枝篇』（初版1890、最終版1936）において、イタリアのある村に残る伝説のなかでヤドリギ（金枝）が特別な力をもつものとされるのは、かつて冬のあいだに森全体の生命力がそこに蓄えられると考えたからであると分析している。そして、このような生命観を連想させる伝承や行事は、世界各地で見られる。

　これらの生命観では、「いのち」は肉体的な働きと精神的な働きの両方の源泉と考えられた。例えば、旧約聖書の最初の書『創世記』の冒頭は、「初めに、神は天地を創造された。地は混沌であって、闇が深淵の面にあり、神の霊が水の面を動いていた。」（新共同訳）と始まる。この「神の霊」は原典のヘブライ語では、先述した「ルーアハ」である。一方、同じ『創世記』第2章で最初の人間アダムが神によって創造される場面は、「主なる神は、土の塵で人を形づくり、その鼻に命の息を吹き入れられた。人はこうして生きる者となった。」（同上）であるが、この「息」も同じ「ルーアハ」である。土のかたまりが「ルーアハ」によって生きる肉体をもつものとなるのである。

　古代ギリシアのアリストテレス（BC384-322）も、同様に生命力の源のようなものをさす「プシュケー」について論じている。生命が、卵や種子のなかから発生し、そのあるべき姿（現実態、エネルゲイア）を目指すのは、そこにプシュケーが働いているからである。この考え方では、生命は非生命からプシュケーによってその都度生成されることになる（『動物誌』）。このような考え方は、後に「自然発生説（abiogenesis）」と呼ばれるようになる。これは、遺伝子のような生物的な媒介物質によって生命の発生を説く「生物発生説（biogenesis）」と対比される。17世紀まで、ヨーロッパにおいては、生命に関する理論の多くは自然発生説の立場をとっていた。中世までのキリスト教の生命観においても、「いのち」は、アダムの場合と同じように、神によって母胎に吹き込まれるものであった。また、それによって、人は内なる神としての本性（nature）を備えることになるのである。

2.3. 肉体と精神

　17世紀、ヨーロッパの生命観は大きな転換点を迎える。

　ルネ・デカルト（1596–1650）は、物理法則に支配される機械としての肉体と、それを含めた世界を認識する自由な精神とを分けて考えた（『省察』（1641）『人間論』（1648）など）。肉体の世界は、「延長」をもつ物質の世界で自然法則に支配される。一方で、精神は、物質の世界から独立した自由なものととらえられた。このような理解の背景には、ルネッサンス期に発達をとげた解剖学の影響があったと考えられる。というのも、解剖学は肉体が物質的にいかに合理的に形作られているかを明らかにしてきたからである。精神は、スピリトゥス（ギリシア語の「プシュケー」に当たる）の働きによって「松果腺」という器官を通して肉体と交流する。「心身二元論」と呼ばれるこの生命観においては、プシュケーやスピリトゥスの働きは、かつての生命観と比べて極めて限定的となり、肉体と精神というそれぞれ独立した領域のあいだで、どちらかというと精神の側に付属するものとされていく。

　このような生命観は、「松果腺」を脳に置き換えてみれば、多くの現代人の抱く感覚に近いのではないだろうか。本節の冒頭で触れた「異世界転生」などは、むしろこのような心身二元論を前提としているのである。

　心身二元論以降、生命の問題はもっぱら肉体に関わる問題となり、霊魂の働きはそこから追いやられた。つまり、生命は「物質に魂が宿ることで生じる」というような説明ではなく、精神や霊魂から切り離された「機械論的自然観」によって説明されなければならなくなったのである。

　この時代、「生命」にかぎらず、宇宙などについても、同様の考え方の転回を経験している。例えば、17世紀以前には、物質の運動は外在的な法則性によって支配されるのではなく、自分自身のうちに内在的な動因を含んでいると考えられていた。あたかも人が快適な居場所をもとめて移動するのと同じように、物質も本来あるべき場所へ戻ろうとする。それが、落下などの運動を形作っている。このような物質の捉え方は、アリストテレス以来の目的論的自然観を反映していた。それに対して、物質の落下速度が時間の2乗に比例するという、落下物自体からはまったく外在的な数学的法則性を発見したのが、17世紀のガリレオ・ガリレイ（1564–1642）である。このような機械論的自然観は、生命の説明にも当てはめられていくのである。

2.4. 生命に関する科学の誕生 [6]

　機械論的自然観は、生命に関するこれまでになかった様々な問いを提起した。いかにして物質だけで複雑かつ機能的な生体の構造が形成されるのか。そして、その構造が、なぜ何世代にもわたって同じ形で保持されるのか。これらの問題を、あくまで物質世界の機械論的な法則性によって説明する必要性がでてきた。特に、目的論的自然観を前提とした自然発生説は窮地に立たされることになった。

　1668年、イタリアの医者であったフランシスコ・レディ（1626-1697）は、生物の発生に関する一つの実験結果を発表している。彼は、動物の肉片の入ったフラスコを一組用意し、一方は口を開けたままに、他方は口を閉じて経過を観察した。口を開けたままにした方にはウジがわき、閉じた方にはウジがわかなかった。それによって、ウジが自然発生したのではなく、フラスコに自由に出入りできたハエによってもたらされたと主張したのである。1694年には、オランダの商人アントニ・ファン・レーウェンフック（1632-1723）が、自ら精巧な顕微鏡を作り、その観察にもとづいて、いかなる微生物も繁殖能力をもち、自然発生しないことを明らかにしている。このような生物発生説は、機械論的自然観の時代に有力な学説となっていった。

　一方、これらの説が広まるとともに、ではいったい何が生命を媒介しているのか、という新たな難題が提起された。その説明には、大きく2つの立場があった。子の元となるものが（どちらかの）親の体にすでに備えられているとする「前成説」と、雌雄の要素が混ざり合うプロセスのなかで生命が発生するとする「後成説」である。例えば、前成説の立場をとったオランダのニコラス・ハルトゼーカー（1656-1725）は、1695年に顕微鏡の観察によって精子のなかに小人（ホムンクルス）がいることを「発見」し、それが子どもとして生まれてくると考えた［図2］。つまり、その小人が男の場合、彼もすでに自分の子どもとなる小人を精子のなかにもっていなければならず、それが延々と続くマトリョーシ

［図2］ハルトゼーカーのホムンクルス

カのような入れこ構造になっていると考えた。荒唐無稽な発想のように思われるかもしれないが、当時は、雌雄の要素が混ざり合って次の世代の生命が生まれるという説明は、むしろ自然発生に近い魔術的なものであるとされ、劣勢に立たされていたのである。

　生命の媒介物に関する論争に最終的な決着がつけられるのは、20世紀に遺伝の法則が認められ、遺伝子やDNAの構造が明らかになってからである。一方で、1686年に、イギリスの植物学者ジョン・レイ（1627–1705）が『植物誌』のなかで「種」（species）という概念を生物学的に定義して以降、それは生物発生の連続性を保持する枠組みとして重要な意味をもつようになった。

2.5. 神の完全性と自然の法則性

　目的論的自然観では、神はいのちを吹き込む存在として、また人間の内なる本性を保証する存在として重要な意味をもっていた。それに対して、機械論的自然観では、神はもはや不必要になったのではないかと思われるかもしれない。しかし、その重要性はまったく失われてはいなかった。なぜなら、神は自然界の法則性そのものを保証する存在として、外在的に重要な役割を果たしていたからである。

　自然界に存在する整然とした秩序や法則性は、まさに神の完全性の反映であると考えられた。このような考え方は、中世以前から存在したが、それはむしろ完全なる世界としての天上界、つまり天体の運動に対して抱かれていたものであり、地上界は不完全な世界として天上界に対比されていた。例えば、中世までの天文学においては、古代ローマのプトレマイオスの天動説が絶大な影響力をもっていたが、そこでは地球の周りを回る天体の軌跡は真円を描くと考えられていた。完全な神によって創造された天体の運動は、楕円のようなゆがんだ形を描くはずがない、というわけである。この真円へのこだわりは16世紀に天動説を唱えたニコラウス・コペルニクス（1473–1543）の場合にも同じだった。ゆえに、コペルニクスの天動説による計算は、実際の天体の運動からはかなりずれたものとなった。それが修正されるのは、1609年にヨハネス・ケプラー（1571–1630）によって惑星の楕円運動（ケプラーの第一法則）が確認されてからである。ただし、その後も単純明快な数式で表される法則性が、神の完全性を示すという考え方は変わらなかった。

　このような天上界の完全性を地上界にもちこんだ人物がアイザック・ニュー

トン（1642–1727）である。彼は、ケプラーの法則で示されたような天体の運動に関わる力（引力、重力）が、落下など地上で見られる物体の運動にも同様に働いていることを、1665年に発見した（万有引力の法則）。この天と地に通底する原理こそ、「万有」という言葉の意味するものである。ニュートンを科学的探究へと駆り立てていたのもまた、自然の法則性の背後にある完全なる神への信仰だったのである。それゆえ、宇宙の歴史については、聖書の記述の通り、およそ6000年ほど前に神によって創造されたという、当時極めて一般的だった考え方を当然のものと考えていた。

　地上にもちこまれた神の完全性は、生命の問題にも当てはめられることになる。デカルトの心身二元論は、このような科学史的展開と無関係ではない。身体の各器官の巧みな構造こそ、神の完全性を地上において映し出すもっとも身近なものであった。「いかにして物質だけで複雑かつ合目的的な生体が形成、維持されるのか」という問いに対する説明原理として、神の存在は必要不可欠なものとなった。

　一方で、このような理解にともなって再び新たな難問が生じてくることになった。生物の身体が、神の創造によって極めて精巧かつ機能的に作られたものであるとするならば、なぜ「畸形」のような「不完全な」（と考えられた）個体が存在するのか、という問いである。もしそれが神の失敗作であるとするならば、神の完全性を否定してしまうことにもなりかねない。さらに、生物発生説による生命の連続性を認めるならば、完全なはずの神のみわざによって作られたものが、世代を経ることによって全く違った形に変化することも考えられない。ましてや、種が絶滅するなどということは絶対にあり得なことだった。しかし、18世紀以降、マンモスの化石など地質学上の発見もあり、絶滅や「退化」などといった現象が否定しがたいものとして認識されるようになっていく。ヨーロッパの思想家たちは、いかにしてそのような事実と神の完全性を説明づけていくのだろうか。

2.6. 存在の大いなる連鎖

　17世紀の生物発生説の提唱者たちは、多くが種を基本的に変化しないものであると考えていた。しかし、18世紀になると、経験的に種の変化の可能性が認められるようになり、なんらかの説明が求められるようになっていく。
　例えば、フランスの博物学者ジョルジュ＝ルイ・ビュフォン（1707–1788）は、

環境要因によって種が変化して「変種」を生じる可能性を論じている。そのような変化は、神の創造による本来の完全な形からの「退化」であるとされた（『博物誌』(1749–1778)）。また、フランス百科全書派の哲学者ドゥニ・ディドロ (1713–1784) は、生命は現在でも自然発生を繰り返しており、それは神の試作品であって、そのなかから生存に適したものだけが生き残っていくと論じている（『盲人書簡』(1749)）。さらに、同じくフランスで古生物学を確立したジョルジュ・キュヴィエ (1769–1832) は、マンモス等の化石の発見から絶滅の存在を確信し、地球の生物は天変地異による絶滅と入れ替わりを繰り返すとする「天変地異説」を唱えた（『地球変革論』(1825)）。これらの仮説は、すべて神の完全性と経験的な科学的発見とを整合的に説明づけようとする努力の産物である。

　なかでも特徴的な理論を展開したのは、フランスの博物学者シャルル・ボネ (1720–1793) である。彼は、一般的に受け入れられていた「種」という考え方を否定し、自然物の実体は連続的であり隙間なく構成されていると考えた。それを「種」という分類でとらえるのは、あくまで有限かつ不完全な人間の認識である。無限かつ完全なる神の創造物は連続的なかたちで存在している。人間が種と種の区別としてとらえるもののあいだには、それを埋めるものがあり、それが「畸形」として認識されているというのだ。

　また、このような創造物の連続性は、鉱物から天使にいたるまであらゆる存在をくまなくつないでおり、その連鎖が胚種の生物的発展の段階と時系列を表すと考えた［図3］。つまり、この鎖は、下等な存在から高等な存在へと向かう（神によって定められた）一定の方向性（目的）を含んでいることになる。この

IDE'E D'UNE ECHELLE
DES ETRES NATURELS.

L'HOMME.
Orang-Outang.
Singe.
QUADRUPEDES.
Ecureuil volant.
Chauve-souris.
Autruche.
OISEAUX.
Oiseaux aquatiques.
Oiseaux amphibies.
Poissons volans.
POISSONS.
Poissons rampans.
Anguilles.
Serpens d'eau.
SERPENS.
Limaces.
Limaçons.
COQUILLAGES.
Vers à tuyau.
Teignes.
INSECTES.
Gallinsectes.
Tœnia, ou Solitaire.
Polypes.
Orties de Mer.
Sensitive.
PLANTES.
Lychens.
Moisissures.
Champignons, Agarics.
Truffes.
Coraux & Corallïodes.
Lithophytes.
Amianthe.
Talcs, Gyps, Sélénites.
Ardoises.
PIERRES.
Pierres figurées.
Cristallisations.
SELS.
Vitriols.
METAUX.
DEMI-METAUX.
SOUFRES.
Bitumes.
TERRES.
Terre pure.
EAU.
AIR.
FEU.
Matieres plus subtiles.

［図3］存在の大いなる連鎖

ような考え方は、広く受け入れられ、特にヒトとそれにもっとも近い存在としてのサルのあいだの連続性は、多くの思想家や学者の関心を集めた。彼らは、その連続性を埋めるものとして、ヒトのもっとも「下等な」存在に特別な意味を見いだそうとすることになる。

2.7. ラマルクの進化論

　以上のような生命に関わる思考の歴史は、後に「進化論」と呼ばれる思想の登場に、間接的にいくらかの貢献を行っている。特に、ボネらの存在の連鎖という発想は、種を超えたつながりと変化の可能性を含んでいた。しかし、それは、あくまで既に存在する神の被造物の関係性を表すものであり、被造物からまったく新しい種が生み出される可能性を含んだものではなかった。

　それに対して、フランスの博物学者ジャン＝バティスト・ラマルク（1744-1829）は、『動物哲学』（1809）において、生物がこの世で環境の影響を受けながら変化していく可能性を論じた。環境が生物に与える影響について論じた学者は、ラマルク以前にも存在した。具体的には先述したビュフォンや後述するブルーメンバッハなどであるが、彼らはいずれも環境要因は、神によって形作られた「本来の姿」に影響を及ぼし、種を「退化」させるものであると考えており、しかもそのような変化は種の境界を越えるものではなかった。それに対して、ラマルクは、生物が環境への適応を通して、ある種から別の種へと変化していく連続的なプロセスを想定した（厳密に言えば、明確な区別としての「種」自体も認めていなかった）。このような目的論的な方向性と連続性の考え方は、むしろボネの「存在の連鎖」の考え方に近いと言えるだろう。

　当時は「進化論」という言葉は存在していなかったが、ラマルクの主張は後に「進化論」の一つのとされ、ダーウィンの進化論と対比されていくことになる。実際には、後述するように、適応や獲得形質の問題をめぐって両者のあいだには大きな違いがある。

3. 進化論と宗教

3.1. ダーウィンの登場

チャールズ・ダーウィン（1809–1882、[写真1]）の唱えた進化論ほど、生命観

[写真1] チャールズ・ダーウィン（1868年）
（ジュリア・マーガレット・キャメロンによるポートレート）

や人間観に劇的な影響を与えたものはないだろう。そればかりか、それは人間の存在をめぐる宗教と科学の関係に、決定的な変化をもたらすことになった。

　しかし、ダーウィンがどのような宗教観をもち、それが進化論とどのような関係にあるかということは、おそらくあまり知られていない。多くの人びとは、彼の唱えた進化論が、キリスト教会の大きな反発を招いたことを単純に想像するであろう。しかし、彼の墓は、ロンドンの観光スポットとしても有名なウエストミンスター寺院のなかにある。教会の「敵」であったはずのダーウィンが、なぜこの由緒正しい英国国教会の寺院に葬られているのだろうか。

　実は、このことはダーウィンが生きた時代の科学と宗教の非常に重要な関係性を示しているのである。

3.2. ダーウィンの生涯と進化論の発見

　ダーウィンは、1809年イングランドのウェスト・ミッドランズ地方シュルーズベリーで生まれた。父方の祖父は医者で詩人でもあるエラズマス・ダーウィン、母方の祖父は世界的陶磁器メーカーの創始者であるジョサイア・ウェッジウッドという家系で、経済的には恵まれた家庭に育った。医者の父親のすすめで医学を学ぶためエジンバラ大学に進学したが、血をみるのが苦手だったダーウィンは医学の講義になじめず挫折する。医者への道をあきらめた彼は、父の勧めに従って牧師になるためにケンブリッジ大学クライスト・カレッジに進学する。その在学中の1831年、恩師ヘンズローの紹介によって、船長フィッツロイの話し相手としてイギリス海軍の測量船ビーグル号に乗ることになったのである。

　この航海が、彼の名を歴史に残すことになる進化論の発見へとつながるが、そこにはいくつかの要因があった。まず、航海中に読んだトマス・ロバート・マルサス（1766–1834）の『人口論』（1798）との出会いである。食糧に対して人口が常に過剰となるという社会における人口動態の考察が、生物界における淘汰と生存競争の発想へつながっていく。また、チリで遭遇した地震は、現在の大地の景観がわずかな自然現象の積み重ねによって形成されてきたものであるという「斉一性」の確信へ、ガラパゴス諸島で目にしたフィンチの島ごとに異なる姿は、環境に合わせた適応の問題へとダーウィンの着想を導いていく。

　1836年に帰国したダーウィンは、航海の経験から1840年ころには進化論の構想を固めていた。彼は、それを1842年からノートにまとめていくが、その構想は1858年になるまで発表されることはなかった。それは、彼自身が神をも否定しかねない進化論の発見にもっとも驚愕し、それを社会に公表することに大きな不安と恐怖を覚えたからにほかならない。特に、ロバート・チェンバースという人物が匿名で1884年に出版した『創造の自然史の痕跡』という書物は、ヒトがサルから変化して生じてきたことを論じて大きな反響を呼んだが、一方で激しい批判を浴びることとなった。興味深いのは、その批判の理由が、単に聖書の教えに反するということだけでなく、その科学的論証の不十分さが科学と同時に神に対する冒涜であるとされたことであった。この背景には、もちろん、前節でも論じた、自然界の秩序の探究が、神の完全性を証明する営みであるという考え方がある。

ダーウィンは、このような状況を踏まえ、自説をできるだけ完璧な形で発表するための長い準備期間に入っていたのである。しかし、1858年、ダーウィンとは独立に自然選択説にたどり着いていたアルフレッド・ラッセル・ウォレス（1823–1913）の存在を知ることになり、2人の発見はロンドン・リンネ学会で同時に発表された。その翌年の1859年、ダーウィンは書きためたノートを要約し、『種の起源』というタイトルで出版したのである。

3.3. 自然選択説と目的論の排除[7]

　なにゆえ、ダーウィンはその発見にそれほど驚愕し、公表を怖れたのだろうか。そこには、彼自身の進化論の特質がある。生物が異なる種へ変化するという発想には、ラマルクやチェンバースなどの先行者がいた。しかし、ダーウィンの主張は、それ以前のものと決定的に異なっている点があった。それは、彼の進化論が、種が変化していくときの「方向性」を完全に否定し、初めて目的論なしで種が変化する仕組みを説明したことにある。この目的論の不在こそ、彼自身がキリスト教の神を完全に否定しかねないものとして驚愕した理由である。

　ラマルクと比較しながらダーウィンの進化論の特徴について見てみよう。よく挙げられる例は、キリンの長い首がいかにして形成されたかという話である。ラマルクの説明は、キリンが高いところの木の葉を食べようとし続けた結果、首を伸ばそうとする器官が増強される形で次の代に受け継がれ、それが繰り返されることで首が長くなったというものである。これは、よく用いられる器官が世代を超えて発達し、用いられないものが衰えることから「用不用説」と呼ばれる。

　一方で、ダーウィンの理論は、高い木の葉しか食べるものがない環境において、いろんな首の長さのキリンがいるなかで、少し首が長い個体が統計的に生き残りやすくなる。それが繰り返されることで、種全体の平均的な首の長さが長くなっていくとするものである。このような変化が起きる条件は、まず遺伝が存在すること（キリンの子はキリン）、遺伝の際にランダムな変異が生じること（キリンの子は、親より首の長くなるものもいれば短いものもいる）、個体数の過剰のため次世代に一部だけが生き残ること（生存競争。この着想をマルサスの『人口論』から得た）である。統計的に少し環境に合った個体が生き残りやすくなることで、結果として種全体が環境に適したものとなる（適応。首の長いキリンが多少多く生き残ることで、キリンという種全体の平均的な首の長さが伸びる）。このような考え方は、

環境による生存の選別が種全体の進化の方向性を決めていくので「自然選択説」
と呼ばれる。

　一般的に、両者の違いは「獲得形質の遺伝」の有無で説明される。獲得形質
の遺伝とは、個体が後天的に身につけた形質が遺伝するということである。例
えば、ランナーの子どもは親よりも早く走れるようになり、バレーボール選手
の子どもは親より背が高くなるというような発想もそれにあたる（このような発
想は、一般的な生物学では否定されている）。先の説明からも分かるように、ラマル
クの進化論では獲得形質の遺伝は重要な役割を果たしている。

　しかし、ダーウィンも、このような仕組みを完全に否定していたわけではな
かったので、彼の理論が（本人にとっても）衝撃的だったゆえんは、実は獲得形
質の問題とは（関連があるとはいえ）別のところにある。問題の本質は、ダーウィ
ンの自然選択説では、進化の方向性が、生きている一つの個体の生き様、努力、
善悪などとはまったく無関係に決められていくという点にある。それは、生命
に関わる科学から、徹底的に目的論を排除する可能性を秘めたものであった。
いわば、進化という観点からは、努力も道徳もまったく無意味なものとなりか
ねない。この事実に気づいた多くの人々にとって、自然選択説は受け入れがた
いものであった。ダーウィンの共同発表者であったウォレスも、自身の自然選
択説を最後まで人間に当てはめることはできなかった。このことによって、進
化論の発見者としてのウォレスの名は、ダーウィンの陰に隠れてしまうことに
なる。

　ラマルクのような進化論において、進化の方向性は（努力の結果として）常に
下等なものから高等なものへと向かうものだった。ラマルク自身は唯物論者で
あったにもかかわらず、その進化論は目的論的自然観を残しており、生きる者
の努力や道徳、そして偉大なる進化の方向性を保証するものとしての「神」と
の親和性は、むしろ高かったのである。

3.4. ダーウィンと宗教 [8]

　ダーウィンの「危険な思想」が神を根底から否定してしまう可能性を秘めて
いたにもかかわらず、なぜ彼はウエストミンスター寺院に葬られたのだろうか。
この進化論と宗教の「和解」について理解するためには、ダーウィンが登場し
てきた時代の宗教と科学をとりまく状況を、改めて振り返ってみておく必要が
ある。

19世紀前半、イギリスでは「自然神学」が隆盛を極めていた。自然神学とは、宇宙の法則や摂理の探究を通して、その創造者である神の存在と完全性を確証しようとする神学のことであり、啓示に対する信仰を基礎に置く啓示神学と対比される。宇宙そのもののあり方と神とを関連づけようとする神学は中世から存在したが、18世紀から19世紀初頭には博物学（natural history）に関わる知識の増加を背景として、神学界と科学界に大きな影響力をもつようになる。その代表的な神学者は、ウイリアム・ペイリー（1743–1805）である。その考え方は、『自然神学』（1802）に記された時計職人の比喩に示されている。

　もし荒野を歩いていて、石に足をぶつけたとして、その石がなぜそこにあるのかと問われたなら、その石は最初からそこにあったと言うことができる。しかし、地面に時計が落ちているのを発見したとき、どうしてここに時計があるのかという疑問に、最初からそこにあったとは言えないはずである。時計が時を刻む目的のために精巧に作られた部品の組み合わせで成り立っていることから、その用途に合わせた構造を設計した制作者がいるに違いないと考えるのが当然である。以上が、ペイリーの主張である。

　自然神学は、このような制作者の存在を、動物の目のような生物の合目的的構造すべてのなかに見いだそうとするのである。そこでは、科学的探究と神への信仰はまったく矛盾しないばかりか、互いに支え合うものとなる。

　ケンブリッジ大学クライスト・カレッジはペイリーの出身校でもあり、自然神学の一大拠点だった。そこで、牧師になるべく学んでいたダーウィンにとっても、宗教と科学は当初は乖離したものではなかった。しかし、先述したように、彼の進化論は、自然神学のような目的論的自然観にもとづく生物学理解を、根底から覆してしまう可能性を秘めたものとなった。自然選択説は、宗教の影響が最後まで色濃く残された生命に関わる科学の領域から、超越者による「目的」を徹底的に排除し、神の意図を人間には計り知れないものとした。後にダーウィンは、自身の立場を不可知論者とみなすようになった。「不可知論（agnosticism）」とは、ダーウィンの進化論の擁護者であった解剖学者トーマス・ヘンリー・ハクスリー（1825–1895）による造語であり、神についてその存在も不在も判断できないとする考え方を指す。

　一方で、1859年に出版された『種の起源』は、自然神学の書として受け取ることができるような体裁をとっている。そのエピグラフには、自然神学を代表する科学者であるウイリアム・ヒューエル、神学者ジョセフ・バトラー、およ

びフランシス・ベーコンの言葉が引用されている。そのベーコンの言葉には、「人間は神のことばをしるした書物〔聖書〕、あるいは神のみわざを記した書物〔自然〕の研究に、すなわち、神学あるいは哲学・・・双方において無限の進歩と上達をとげるようにつとめるべきである」とある。また、『種の起源』本文中には、「私の思うところでは、世界に住む過去および現在の生物が生じたりほろびたりするのは、個体の生死を決定するのと同様な二次的原因による、ということのほうが〈造物主〉が物質に刻印した諸法則についてわれわれが知っていることと、いっそうよく一致する」という記述もある。

　このような自然神学的考え方は、ダーウィンのなかでは次第に薄れていく。しかし、一部の科学者や宗教者からは、彼の理論は、本人の意図とは裏腹に、高度な自然神学の書として受け止められ、宗教と科学の調和を表すものとして高く評価された。例えば、ダーウィンの進化論をアメリカに紹介した高名な植物学者エイサ・グレイ（1810–1888）は、自然選択による変異が神によって方向付けられていると解釈し、進化論とプロテスタント信仰がまったく矛盾しないことを主張した。イギリスでも同様に、進化論は主流のプロテスタント教会に比較的好意的に受け止められていく。ダーウィンが、ウエストミンスター寺院に埋葬された背景には、そのような事情があった。

　しかし、現在では、ダーウィンが当時、教会の敵として激しい攻撃を受けたようなイメージを抱かれているようである。例えば、サルの姿をしたダーウィンの風刺画とともに［図4］、よく語られるエピソードとして、ダーウィンの擁護者であったハクスリーが、1960年にイギリス科学振興協会でウィルバーフォース司教と交わした論争がある。そこで司教が「あなたのご先祖はサルだということですが、それはお祖父さんの側ですか、お祖母さんの側ですか」と皮肉を込めてハクスリーに問うたところ、ハクスリーは「私はサルが先祖だからといって恥ずかしいとは思いません。それよりも、豊かな能力を駆使して詭弁をふるう人物を先祖にもつ方がよほど恥ずかしいと思います」と答えたという。しかし、この話はかなり歪められて伝わっている可能性が高い。というのも、司教は『種の起源』に対する書評のなかで、ダーウィンの説の大部分を認めた上で、その一部の難点について極めて的確な科学的批判を行っていたからである。

　ダーウィンをめぐる科学と宗教の対立のイメージは、宗教の後進性をことさら強調しようとする人たちによって築き上げられてきたと言えるだろう。

滝澤克彦　　　　　　　　　　　　　　　　　　　　　　　　　**053**

［図4］ダーウィンの風刺画

　このように、ダーウィンの理論とその背景は、多くの誤解や誤用の対象となっている。しばしば見られる一つの例が、「進化」と「進歩」の混同である。確かに進化論の一部に「進歩」と関わる部分（適応など）があるとしても、本質的には、進化は目的論的な方向性をもたず、それゆえ「進歩」のように優劣の価値を含んだものではない。すべての生物が、それぞれの環境において進化してきた結果として現在の姿があるのであり、進化の対義語としての「退化」という考え方も存在しないのである。一方、アメリカでは、進化論は宗教との親和性が強調される形で受け入れられていった。リチャード・ホフスタッター（1916–1970）

は、『アメリカの社会進化思想』(1944)において、このような進化論受容が、勝者や成功者こそが神に選ばれた存在であるとする独特の社会進化思想をアメリカに定着させていったと説明している。さらに、ナチスによるユダヤ人虐殺の背後にある優生学思想も、進化論誤用の忌まわしい例であるといえるだろう。

4. 人種をめぐる宗教と科学の歴史

4.1. 人種と宗教、科学の関係？

　前節までで示してきたのは、しばしば対立項としてとらえられる宗教と科学が、実際にはいかに密接な関係をもち、互いに大きな影響を与えてきたかということである。このような歴史を振り返ることは、生命ある存在（生物）としての人間に対するわれわれの見方を相対化する足がかりになるはずである。

　「種」という概念の成立は、人間を総体として生物学的にとらえることを可能にした。一方で、その総体を「人種」という枠組みで分類する考え方を副次的にもたらした。これも、生命についての科学が大きな転換を迎える17世紀の話である。本節では、この人種の問題に、宗教と科学がどのように関係してきたかを見ていくつもりである。そのために、最初に一つのエピソードをとりあげたい。

　2020年10月23日、世界最高峰の自動車レースで起きた接触事故の際、ドライバーが発した言葉が、物議をかもすこととなった。翌日、本件を速報したウェブサイトの記事には、このドライバーが怒りにまかせて接触相手に「放送禁止用語満載の暴言浴びせた」と記されている。その後の報道により、「放送禁止用語」の一つが「モンゴル」という言葉であることが明らかになった。事態を重く見たモンゴル政府は、レースの主催団体やドライバーの所属チームおよびスポンサー企業に対して抗議の書簡を送った。記事は、「人種差別的かつ軽蔑的な発言」が国際問題に発展しつつある、と報じている。

　おそらく、日本の多くの人は、この事態の意味を理解できないだろう。なぜ、「モンゴル」という言葉が最初の報道で「放送禁止用語」と表現されたのか？　そして、それがなぜ「人種差別的かつ軽蔑的な発言」となるのか？　当然ながら、本来この語が放送禁止になる理由は何もない。それは民族や国の名前であり、モンゴルの人々にとっては、むしろ誇り高い響きをもつ言葉である。

しかし、ヨーロッパを中心とする西洋社会においては、この言葉には特別な意味がある。そこには、根深い人種差別問題が埋め込まれており、このドライバーの「誰かを怒らせるつもりはなかった」「瞬発的に思わず口から出てしまった」「言葉遣いが正しくなかった」という反省の弁は、図らずもこのような意識が、暗黙的でありながらもいかに一般的なものであるかを明示するものとなってしまっている[9]。

　この問題の根底には、二重の差別意識が横たわっているが、その含意するものには、人種をめぐる宗教と科学のより複雑な歴史が関係している。

4.2. 「人種」の発見 [10]

　人間という存在を、何らかの違いによって分類しようとする発想自体は新しいものではない。しかし、それを生物学的なものとして識別しようとする試みは、17世紀ころに初めて現れる。「人種（race）」という概念の登場である。この概念は、フランスの医者であり旅行者であったブランソワ・ベルニエ（1620-1688年）によって、初めて学術的に提示された。ベルニエは、人間をヨーロッパ人、アフリカ人、アジア人、ラップ人に区別し、その分類を「人種」と名付けたのである。この「発見」の背景には、ヨーロッパ人が世界へ進出する大航海時代の到来があった。彼らの実際の目を通して、世界の人々は「人間」という全体像のなかに、「人種」という区別を通して描かれることになったのである。また、それによって「人間」という存在の境界自体も、「怪物」などを含めた人間以外の存在（非存在）と明確に区別されるようになった。

　人種にあたるものを、人間以外の生物を含めた生物学的枠組みの中で初めて定義したのは、分類学の父と呼ばれるカール・フォン・リンネ（1707–1778）である。彼は、代表作である『自然の体系』の初版（1735年）のなかで、動物界−四足綱−ヒト形目−ヒト属のなかに、4つの種を置き、それぞれ「白色ヨーロッパ人」「赤色アメリカ人」「黄色アジア人」「黒色アフリカ人」と名付けた。つまり、この時点で、彼は人種を「種」のレベルの違いであると考えていたのである。しかし、1758年の第10版では、大幅な修正を加え、ヒトを動物界−哺乳綱−霊長目−ヒト属に属する一つの「種」と捉え、その下に「亜種」として「野生人」「アメリカ人」「ヨーロッパ人」「アジア人」「アフリカ人」「畸形人」の6つを置いた（先に取り上げた「畸形」は、一つの亜種というかたちで整合性をつけられたのである）。この修正は重要な意味をもつ。なぜなら、リンネも「種」を神が定めたものとして不変

のものとしてとらえていたが、環境の影響などを受けて形成されるものとしての「亜種」を置くことによって、人間をその内部において「変化」するものとして捉える可能性が開かれたからである。

　同時に彼は、四足綱→哺乳綱、ヒト形目→霊長目、という名称変更を行っているが、これは宗教界の反発に考慮したものだった。他の動物からヒトを区別して上位に置こうとする人間観に対して、リンネは「霊長」という名を与えて譲歩する一方、あくまで他の生物を含めた体系のなかにヒトを位置づけることには成功した。

4.3. 人種観の変遷

　亜種としての人種という捉え方は、その後、様々な研究者に受け継がれていく。例えば、人類学の父とも呼ばれるヨハン・F・ブルーメンバッハ（1752–1840）は、『人間の自然的亜種について』（1775）において、人間は5つの亜種（コーカサス人、モンゴル人、エチオピア人、アメリカ人、マレー人）によって構成されると論じている。それぞれの亜種の特徴は環境の影響を受けながら形成されるが、その原型はコーカサス人にあり、他の人種はその変化（退化）したものであるとされる。ここで変化するものとしての亜種の分類が、説明原理としての力を発揮する。アメリカ人は、コーカサス人とモンゴル人の中間型、マレー人はコーカサス人とエチオピア人の中間型という具合である。現在では、原型にもっとも近いのは、グルジア人であり、彼らの頭蓋骨の美しさと、肌の白さがその根拠とされている。骨が判断基準となるのは、当時の解剖学のもっていた影響が反映されたものであると言えよう。コーカサスという場所については、旧約聖書の大洪水の際にノアの箱舟がたどり着いた場所とされるアララト山の存在も関係している。

　一方、フランスの博物学者ジョルジュ・キュヴィエは、『動物の自然史の基本表』（1798）においてネグロイド、コーカソイド、モンゴロイドの3分類を唱え、後の人種観に大きな影響を与えた。

　この分類は、聖書の影響を強く受けている。それは、人類はすべて大洪水の生き残りであるノアの子孫であり、アジア、アフリカ、ヨーロッパの人種は、それぞれノアの3人の息子セム、ハム、ヤペテを始祖とするという考え方である。実は、このような解釈はすでに5世紀のアウグスティヌスによってなされていた。しかし、アウグスティヌスは、このような系統による区別は、宗教の

区別に比べればはるかに些細なものであると考えていた。彼はその主著『神の国』において「どこの場所であれ、人間として、すなわち理性的で死すべき生き物として生まれた者はだれでも、その者が身体の形態や肌の色、動きや声、何らかの力や部分や属性の性質においてわたしたちの感覚に異常なものとしてあらわれるとしても、あの一人の最初の人間に起源をもつものであるということを信仰ある人は疑ってはならない」と記している。

しかし、「人種」の科学は、アウグスティヌスとは別の方向へと進むことになる。キュヴィエは、その3分類をノアの息子たちに基づくものとしながら、アダムとイブがコーカソイドであったとの推測から、他の人種をその「退化」したものと考えたのである。

4.4. 人種の科学と差別 [11]

このように「人種」の概念は、その当初からヨーロッパの主観と偏見に満ちたものであった。特に、人類のコーカソイド起源説とその優位性の根拠となった頭蓋骨と肌の色の美しさという主観的な基準は、人種差別とも根深い関係をもつことになる。

人間という種の内部の分類をめぐって骨格が重視されたのは、当時の解剖学の発達を考慮すれば当然のことでもあった。生物学的な分類学においては、骨格こそがその重要な指標となっていたからである。しかし、当時の生物学に芽生えつつあった唯物論的自然観は、亜種の分類をめぐる骨格と人格のあいだの関係性についても大きな関心を寄せるようになっていた。

例えば、解剖学の発展を背景に19世紀前半に隆盛を迎えた「骨相学」という学問があった。その代表的論者であるドイツの解剖学者フランツ・ガル（1758–1828）は、脳はさまざまな精神活動に対応する複数の器官の集合体であり、その機能の違いが頭蓋の形状に表れると考えた。この着想の一部は、のちの脳科学の基礎となるものである。二足歩行の開始による頭蓋容量の増加が、人間の知能の発達をもたらしたと考えたダーウィンも、基本的にはその系譜に連なるといえるだろう。一方で、当時の骨相学の従事者たちは、頭蓋の形状と精神活動の関連性を前提としながら、人種間の知能をめぐる比較の方に関心を寄せるようになっていった。

アメリカの医師であったサミュエル・ジョージ・モートン（1799–1851）は、世界中の民族の頭蓋骨を収集し、測量することで、その知能を比較する「頭蓋

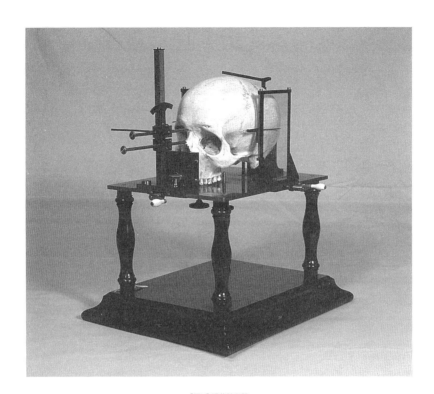

［図5］頭蓋計測器
Zavattaro, Monica & Moggi-Cecchi, Jacopo & Caramelli, David. (2014).
Anthropological Research on Osteological Collections of the Natural History Museum in Florence.
Atti della Societa Toscana di Scienze Naturali. 119. 10.2424/ASTSN.M.2012.21.

計測学」なるものを確立した［図5］。それによって、白人がもっとも発達した知能をもち、黒人がもっとも低い知能をもつと主張しようとした。当然、現在では、このような見解も分析方法も、まったく根拠のないものであるとみなされている。そもそもの動機が、人種間に区別や優劣をつけようとするものだった。特に、宗教との関連で興味深いのは、モートンが骨格による差異を根拠として、神による創造が人種ごとに別々に行われたと主張したことである（多元発生説）。アウグスティヌス以来の全人類ノア起源説を否定したのである。

　骨格と知能の関連を種のレベルで受け入れたダーウィンであったが、一方で彼の進化論は、これら骨相学に対して大きな打撃を与えるものだった。ダーウィ

ンの進化論によれば、人類は最も近い類人猿から分かれたときのヒトを共通の祖先としてもつ「きょうだい」ということになる。ダーウィンは、人種の違いのように見えるものが実際は連続的であって、その間に明確な区別をつけることは不可能であると記している。彼自身は奴隷制反対論者であったとも言われている。彼の2人の祖父たちも奴隷制廃止運動の支援者だったが、その運動のシンボルとして配られたウェッジウッド社製のメダルには、跪く黒人奴隷の姿と "AM I NOT A MAN OR A BROTHER ?" という言葉が刻まれている。

　ダーウィンの進化論に反対した科学者たちのなかには、骨相学の流れをくみ人種の多元発生説を唱えるルイ・アガシー（1807–1873）のような熱烈な人種主義者もいた。彼は、白人と黒人が同じ祖先をもつとみなし、しかも両者の生物学的な優劣を認めないダーウィンの進化論を、どうしても受け入れることができなかったのである。

　「コーカソイド」「モンゴロイド」「ネグロイド」という3分類は、キュヴィエが聖書の記述に依拠しながら名づけたものであることは先述のとおりである。この分類は、日本でもよく知られ、特に「モンゴロイド」という言葉は現在でも用いられるが、この語が西洋で「ダウン症」を指すものでもあったという事実は、あまり知られていない。昭和時代に使われていた「蒙古症」（モンゴリズム）を思い出す人もいるかもしれないが、それを「モンゴロイド」という言葉と結びつける人は多くないだろう。これらの用語法（モンゴリズム、モンゴロイド）の発端となったのは、イギリスの医師ジョン・ラングドン・ダウン（1828–1896）が、1866年に発表した論文である。彼は、ダウン症をその骨格的・外見的特徴からモンゴル系の人々に特有の「疾患」であると考えた。彼は人間は同一の起源をもつと考え、種の変化についても受け入れていた。その上で、白人種にこの疾患が表れるのは、より劣った人種への「退化」の兆候であると考えた。このような説は学界に定着することはなかったが、その言葉とそこに含まれる二重の差別意識は後の世代に受け継がれていった。「蒙古症」（モンゴリズム、モンゴロイド）という語は、1960年代にモンゴル人民共和国政府の抗議を受け使われなくなり、代わりにその命名者の名をとった「ダウン症」が用いられるようになる。しかし、本節の冒頭で触れたエピソードは、いまだにこの差別意識が根強く残っていることを図らずも明らかにした。そこには、まさにここでみてきた人種をめぐる宗教と科学の一連の歴史が密接に関わっているのである[12]。

1 ‖ コスモロジー概念や本章で触れられる科学史に関しては、野家啓一『科学哲学への招待』（ちくま学芸文庫）筑摩書房、2015年など。科学と宗教の関係史については、トマス・ディクソン『科学と宗教』丸善出版、2013年など。

2 ‖ 古代のコスモロジーについては、荒川紘『東と西の宇宙観 西洋編』紀伊國屋書店、2005年、定方晟『須弥山と極楽』（講談社現代新書）講談社、1973年、V・G・ネッケル他編『エッダ 古代北欧歌謡集』新潮社、1973年など。

3 ‖ 宮家準『日本の民俗宗教』（講談社学術文庫）講談社、1994年など。

4 ‖ 野本寛一『生態と民俗──人と動植物の相渉譜』（講談社学術文庫）講談社、2008年。

5 ‖ 棚次正和『新人間学の冒険──いのち・いやし・いのり』昭和堂、2015年。

6 ‖ 進化論につながる生命の科学の歴史については、B・グラス編『進化の胎動──ダーウィンの先駆者たち1745〜1859』大陸書房、1988年、ピーター・J・ボウラー『進化思想の歴史』（朝日選書）朝日新聞社、1987年、松永俊男『ダーウィン前夜の進化論争』名古屋大学出版会、2005年。また、リンネの人間観と宗教の関係については、岡崎勝世「リンネの人間論：ホモ・サピエンスと穴居人（ホモ・トログロデュッテス）」『埼玉大学紀要 教養学部』41(2)、2006年。「存在の大いなる連鎖」については、アーサー・ラヴジョイ『存在の大いなる連鎖』（ちくま学芸文庫）筑摩書房、2013年。分類と人間観については、ミシェル・フーコー『言葉と物──人文科学の考古学』新潮社、2020年も。

7 ‖ ダーウィンの進化論と目的論あるいは宗教との関係については、松永俊男『近代進化論の成り立ち──ダーウィンから近代まで』創元社、1988年、松永俊男『ダーウィンの時代──科学と宗教』名古屋大学出版会、1996年、ダニエル・C・デネット『ダーウィンの危険な思想──生命の意味と進化』青土社、2001年、マイケル・ムース『ダーウィンとデザイン──進化に目的はあるのか？』共立出版、2008年など。

8 ‖ 進化論と自然神学の関係については、松永俊男『ダーウィンの時代──科学と宗教』名古屋大学出版会、1996年。『種の起源』の引用は、ダーウィン『種の起原』（上・下、岩波文庫）、岩波書店、1990年より。

9 ‖ 一連の記事は、FORMULA1-DATA.COMのウェブサイトより、最終閲覧日2020年11月13日。

10 ‖ 「人種」の発見と、人種観の変遷については岡崎前掲書など。

11 ‖ 人種の科学と差別の問題については、スティーブン・J・グールド『人間の測りまちがい──差別の科学史』（河出文庫）河出書房新社、2008年。ダーウィンの人種観・人間観については、チャールズ・ダーウィン『人間の進化と性淘汰Ⅰ』文一総合出版、1999年。ダーウィンと奴隷制をめぐる問題については、A・デズモンド、J・ムーア『ダーウィンが信じた道──進化論に隠されたメッセージ』日本放送出版協会、2009年。

12 ‖ ダウン症については、デイヴィッド・ライト『ダウン症の歴史』明石書房、2015年。

第3章

知識

葉柳和則

Kazunori **Hayanagi**

Chapter 3

Keyword:

知は力

知識社会学

存在拘束性

贈り物としての知

Knowledge

はじめに

　筆者が大学生だった頃、欧米の言語で、「論文」のことを contribution（ドイツ語では Beitrag）と呼ぶことがあると知って、「おお、なるほど！」と腑に落ちた。高校までの受験を目標にした勉強と、大学からの学術研究が異なった営みであることは、もちろん言葉としては知っていたが、身体的な感覚として理解したのはこのときだった（だから腑に落ちた）。

　とはいえ、「contribute するって具体的にはどういうことをするの？」と思った方も少なくないだろう。本章では、高校の「世界史」や「倫理」で扱われる事項と大学の人文社会系の講義で言及される事項をつなげる形で、学術的な知の世界に contribute するための基本的な構えについて論じていく。

1. 知は力

　「知は力なり」というフランス・ベーコン（Francis Bacon）[1] 由来の言葉は──これが誰の言葉かは知らないとしても──誰もが一度は耳にしたことがあるだろう。英語で書けば、"Knowledge is power" [図1]。それにしても、「知」ないし「知識」が「力」と等置されるとき、その意味するところは何だったのか。ベーコンの考想が生まれた文脈を抜きにすれば、この言葉は様々に解釈することができる。たとえば、「より多くの正確な知識を習得すれば、試験に合格する力を手にすることができる」という解釈もありうる。あるいは "power" を「権力」の意味で捉えて、「知識は権力である」という訳文を与えれば、「中世のカトリック教会が聖書に関する知識を独占していたことが、教会の権力の源だった」という解釈を導くこともできる。視点を逆にして、「労働者が自分たちの置かれている状況に関する知識を得たことが、革命につながった」という変革のテーゼを読み取ることも可能である。こうした解釈はみな、間違ってはいないが、ベーコンの文脈からズレてもいる。創造的解釈はときに知的ブレイクスルーを産むが、ここではまず、ベーコンの考想に寄り添ってみたい。

　ベーコンは当時の学者同様、研究や思索の成果をラテン語で発表していた。厳密に言えば、「知は力なり」と直訳できる文は確認できないが、1957年に書かれたエッセイや主著『ノヴム・オルガヌム』の中に同様の言葉が記されている。それらをラテン語で要約したものが、"Scientia est potentia" である。"scientia"

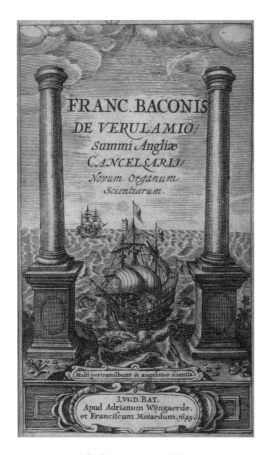

［図1］Novum Organum の表紙
Houghton Library, Harvard Uni.

が英語の "science" につながっていくことは容易に推測できるだろう。つまり、ベーコンが「知は力なり」と記したときの「知」とは「科学的知識」という意味であった。

　ベーコンは、自然ないし現実をじっくりと観察し、繰り返し実験した上で、厳密に推論することによって手に入る知識こそが、世の中を変えていくと考えていた。スコラ哲学に代表されるそれまでの哲学が、経験よりも論理の整合性を重視していたのに対し（演繹法）、ベーコンは観察と実験に基づく推論を重視した（帰納法）。彼が近代科学の基礎を作った一人とされるのはそのためで

ある。ベーコンの哲学の土台の上で、アイザック・ニュートン（Isaac Newton, 1642–1727）の「万有引力の発見」に代表される自然科学の成果が生み出されていった。これ以降、人文社会科学も、自然科学によって構築されたパラダイム（paradigm）、すなわち学問の基本的枠組を大枠において受け入れることで近代の知を形成していく。現在の大学における知もまた——内部にとどまるか、変革し突破することを目指すかの違いはあれ——このパラダイムを前提にしている[2]。

2. 知識社会学

「知は力なり」という言葉には、ルネサンス期のイングランドという背景があった。学問的知は真空の中ではなく、同時代の社会−歴史的文脈の中で生まれる。「知識」とそれが生まれる背景や過程を探求する学問分野は、知識社会学（sociology of knowledge）と呼ばれる。知識社会学の創始者はユダヤ系ドイツ人の哲学者マックス・シェーラー（Max Scheler, 1874–1928）であり、それを発展させたのが、ハンガリーのユダヤ系社会学者でドイツとイギリスで教壇に立ったカール・マンハイム（Karl Mannheim, 1893–1947）である。しかし、マンハイムらの知識社会学は、ナチスが政権を握った1933年以降、ヨーロッパでは下火になる（しかなかった）。これに対して、ナチスによる迫害を逃れた多くの知識人や芸術家を受け入れたアメリカでは、1940年頃からユダヤ系ロシア人の家庭に生まれたロバート・マートン（Robert Merton, 1910–2003）らによって、知識社会学は独自の展開を見せた。シェーラーやマンハイムの議論には、ドイツ近代哲学の影響が強かったが、マートンは知識社会学を、経験主義的方向に展開させていった[3]。つまり彼は、ベーコンが提唱した「観察と実験」によって、「知識」の生成と変容を解明しようとしたのである。

マートンの知識社会学はさらに、科学社会学（sociology of science）と呼ばれる分野へと展開していく。科学社会学は、前節で触れた「パラダイム」概念で知られるトーマス・クーン（Thomas Kuhn, 1922–1996）の『科学革命の構造』[4]（1962）が提示した枠組を媒介にして、科学史、科学哲学、さらには科学技術社会論（STS）といった分野へと問いの領域を広げていった。

シェーラーやマンハイムの知識社会学は、ドイツ語では "Wissenssoziologie" と記される。ここでの "Wissen" は、神話、伝説、宗教、哲学、科学、芸術といっ

た広い意味の知をカバーしている。他方、英語の"Knowledge"は、ベーコン以来の「観察と実験」に基づく科学的知識を指している。つまり、ドイツ系の「知識」概念に比べて、アメリカ系の「知識」の守備範囲は狭く、「サイエンス」という意味に限定されている[5]。

しかし、「知」や「知識」という言葉が、「世間知」や「知恵」といった意味をも包含している日本語の話者は、ドイツ系の「知識」概念ですら狭いと感じるかもしれない。神話といい、哲学といい、あるいは芸術といい、わたしたちが日常用いている「知識」という言葉の含意から何かしら隔たっているからである。

二人の社会学者、アメリカのピーター・バーガー（Peter Berger, 1929–2017、彼も亡命ユダヤ人）とドイツのトーマス・ルックマン（Thomas Luckmann, 1927–2016）の共著『現実の社会的構成』（1966）は、訳者によって「知識社会学論考」というサブタイトルを与えられている[6]。この本の和訳の初版は『日常世界の構成』というタイトルであった。改訳新版の際に現在のタイトルに改められたが、本書における「知識」概念に関して言えば、初版の方が分かりやすい。バーガーとルックマンは、知識社会学のカバーする範囲を「社会において〈知識〉として通用するすべてのもの」と規定している。つまり知識社会学は、人々の日常生活の中での知をも視野に入れるべきだと二人は主張したのである。

バーガーとルックマン、遡れば彼らの師であるアルフレッド・シュッツ（Alfred Schütz, 1899–1959、彼も亡命ユダヤ人）らの仕事は現象学的社会学（phenomenological sociology）と呼ばれる[7]。この学問的系譜においては、間主観性（intersubjectivity）、すなわち、個々の人間＝主観の相互作用の中で生まれる共同的な主観性こそが、人間にとっての現実なのだとされる。ここでは知識は、科学、宗教や芸術、噂や流言といった多元的な性格を包含している。シュッツはこれを「多元的現実」（multiple realities）と呼んだ。わたしたちの生きている世界（生活世界）に定位するなら、知識に関する学問の課題は、現象学的社会学が射程に入れた広義の知の解明になるはずである。

3. 存在拘束性あるいはイドラ

マンハイムの知識社会学の中心的キーワードは「知識の存在拘束性」（existential determination of knowledge[8]）である。すなわち、人間の知識は、その人が存在している社会と歴史の諸条件によって規定されているとマンハイムは指摘し

た。この発想は現象学的社会学のキーワードである「間主観性」にも引き継がれている。なぜなら、わたしたちが他の人と共有している知識は、現代という時代の中で構成されたものであり、みなが自明視している常識や、メディアに媒介された情報によって枠づけられているからである。

この発想はプラトン（Platon, 前427–前347）の「洞窟の比喩」（allegory of the cave）にまで遡る。これは次のような思考実験である。洞窟の奥の暗闇に、縛りつけられ（bound）て前方しか見ることのできない囚人が座っている。背後で運ばれる道具や彫像が、さらに背後に燃えている炎によって照らされることで、囚人は自分たちの前方の壁（＝スクリーン）映し出された影を現実だと思い込む。ここでのポイントは、縛りを解かれた囚人が、道具や彫像の実物を目にしても、「彼は困惑して、以前に見ていたもの［影］のほうが、いま指し示されているものよりも真実性があると、そう考えるだろう」というところにある[9]。

「洞窟の比喩」をより詳細に論じているのが、ベーコンの『ノヴム・オルガヌム』の「イドラ論」である[10]。ベーコンは、人間の知が容易に陥ってしまう「思い込み」をイドラ（idola）と名づけ、そこから自由になることの重要性を説いた。イドラは、「いつの間にかけてしまっており、既にそれをかけていることにすら気づいていないサングラス」のようなものである。たとえばセピア色のサングラスを通して世界を見続ければ、世界が鮮やかに彩られていることに気づかないままに、それが明暗と濃淡のみで成り立っていると思い込んでしまう。

ベーコンは、イドラを4つに区分した。一つは「人間の思い込み（種族のイドラ＝idola tribus）」。これは人間の知覚や脳の構造がもたらす制約のことで、錯視がその典型である[11]。「それは錯覚です」と言われても、どうしてもそのようにしか見えないという体験は誰しもしたことがあるはずである。見たり聞いたりできる波長の外側にも光や音が存在することに人間が気づかないのも、「種族のイドラ」である。2つ目は「個人の思い込み（洞窟のイドラ＝idola specus）」。これは個人史上の経験によって規定される臆見である。限られた経験から得られた知識で世界のすべてを判断しようとする認識の狭隘さをベーコンは「洞窟」の比喩で表現した。3つ目は「人間相互のコミュニケーションが作り出す思い込み（市場のイドラ＝idola fori）」。これは市場で噂が伝播していく様子から命名されたものであるが、何らかの媒介を通して流れてくる情報を現実だと思い込んでいる人はみな「市場のイドラ」に囚われていると言える。4番目は「学問的権威に基づく思い込み（劇場のイドラ＝idola theatori）」。これについてベーコンは次

のように述べている。

　　　最後に、哲学のさまざまな教説ならびに論証の誤った諸規則からも、人
　　間の心に入り込んだ「イドラ」があり、これを我々は「劇場のイドラ」と名
　　付ける。なぜならば、哲学説が受け入れられ見出された数だけ、架空的で
　　舞台的な世界を作り出すお芝居が、生み出され演ぜられたと我々は考える
　　からである。[12]

　本章との関係で言えば、これが最も重要である。すなわち、「劇場のイドラ」
は教師や聖職者など知的威信を有する者の言うことを正しいと思い込んでしま
う事態を指している。「だって TV に出てる教授も言ってるから」、「尊敬する〇
〇先生が講義で力説していたんだから」といった理由づけは、「劇場のイドラ」
の典型的症候である。
　ベーコンの指摘する 4 つのイドラは、現代社会を生きるわたしたちにとって
も身に覚えのある思い込みである。わたしたちは、「こうだ」と思い込んでしま
うと、それに合致する情報だけを選択し、それを材料にして現実に関する知識
を構成してしまう。思い込みに合致しない情報に出会っても、それを排除したり、
見なかったことにしたりする。プラトンの「洞窟の比喩」はまさにこれである。
　ベーコンは、こうしたイドラに縛られることなく、観察と実験によって事実
を集めていけば、人間は客観的な知識を手にすることができると考えた。これ
こそが近代科学の方法論である。

4. 知の贈り物としての論文

　わたしたちは大学に入学すると、一年次の演習科目でレポートや論文の書き
方を学ぶ。「問い」の立て方、資料の収集、データの分析、プレゼンテーション、
論文の構成など、大学生が汎用的能力として身につけるべき技法は多岐にわた
る。これらはベーコンや彼に続く研究者たちが作り上げてきた近代科学の方法
論を大学生向けに紐解いたものである[13]。
　授業レポートには、教員が設定したテーマについて受講生が答えるという形
式もある。これは自宅で行う試験のようなものであり、高校までの勉強と同じ
構えで取り組むことができる。しかし、卒業論文ともなると「あなたの研究の

オリジナリティ」が問われる。そうなると「試験」のアナロジーでは対応できなくなる。試験においては、出題者が100点満点の解答を知っており、受験生や受講生がそれにどれだけ近づいているかによって評価がなされる。しかし、「論文」の場合、「問い」が立てられた時点では、学生はもちろんのこと、指導教員も100点の「答え＝結論」が何であるかを知らない。

　少し違う視点から説明すれば、「試験」では当該分野の専門家にとっての「常識」を身につけているかどうかが問われるが、「論文」においては——ほんのわずかでもいいので——当該分野の専門家でも正解を知らないことに取り組むことが必要である。そして、論文を通して明らかになった「未知の事項」にこそ価値が認められる。contributionとはオリジナルな知見を生み出すことなのである。未だ十全な答が見つかっていない問いを前にして、身をよじるようにしてイドラから逃れ、ありとあらゆる説明の可能性を考え、自分の手で具体的なエビデンスを集め、一見したところ無関係な情報のあいだに理路のリンクを張ってみるといったプロセスを通して、未知の領域の一隅が照らし出される。これが論文を書くという営みである。

　それどころか、「論文」においては、「唯一の正解などない問いに答える」ことが求められる場合も少なくない。特に人文・社会系の場合その傾向が強い。「〈わたしってのは他者なんです〉という詩人ランボーの言葉の現代的意味は何か」、「第二次世界大戦の敗北を日本人はどのように受けとめたのか」、「格差社会の諸問題をどのようにして解決するのか」といった問いにたった一つの正解など存在しないことは容易に予想できるだろう。むしろ、唯一正しい解釈やソリューションがないからこそ、それらの問いは問うに値するのである。

　レポートや論文の書き方を初めて学ぶとき、多くの学生が戸惑うのは、内容面では「先行研究の批判的検討」であり、形式面では「引用の仕方と文献一覧の作り方」である。これには単に高校までの学校教育で習っていないという要因もあるが、より本質的なのは、高校までの「勉強」と大学での「研究」とのあいだにある知のモードの違いである。

　学術論文の検索サイトの中で最もアクセスしやすいGoogle Scholarのトップページに記された「巨人の肩の上に立つ」（standing on the shoulders of giants）という言葉は［図2］、近代における学術的営みの本質を表現している。

　これはシャルトルのベルナール（Bernard de Chartres, 生没不明）という12世紀のフランスの哲学者の言葉に由来するが、17世紀にニュートンが書簡に書きつ

"If I have seen further than others,
it is by standing upon the shoulders of giants."

Isaac Newton

［図2］ニコラ・プッサン（Nicolas Poussin）：『日の出を探す盲目のオリオン』

Paysage avec Orion aveugle cherchant le soleil, 1658、メトロポリタン美術館、部分、テクストは筆者による。

ギリシア神話に登場する狩人、オリオンは、一目惚れした娘の父、オイノピオンに両目を抉り取られたが、目を癒やすためケダリオンを肩に乗せ、太陽が昇る方向を案内させた。ニュートンの言葉は、この神話を踏まえている。

けたことによって広く知られるようになった。ここでの「巨人」（複数形であることに注意）とは、自分よりも先に同様のテーマで研究を発表した研究者のことである。自分は先人の「肩の上に」立つことができたおかげで、彼らよりも少しだけ遠くを見渡すことができた。つまり、先人の研究が到達した地点より一歩前に進むことができた、とニュートンは言っているのである。

　これはまず第一に、先行研究の著者に対して敬意を表明することであり、自分のオリジナリティがどこにあるのかを示すことであり、さらには、自分の後

に研究する者に自らの肩を差し出すということでもある。

　どんなに優れた研究成果を出しても、それが既に誰かによって発表されていたら、学問的知見としての価値はゼロである[14]。したがって、自分の研究のオリジナリティを読み手に納得させるには、先行研究をじっくりと読み込み、著者とバーチャルな会話を行い、彼らの成果の価値を十分に評価しつつ、それでもなお彼らが到達できなかった地点がどこであるのかを示す必要がある。これが「先行研究の批判的検討」である。批判は非難ではない（critique is not blame）。批判は知の共同体を豊かにするためのポジティブな行為である。これは同時に自分の研究のオリジナリティの在処の証明ともなっている[15]。

　とすれば、（往々にして後回しにされる）「文献一覧」とは、自分がどういった巨人の肩に乗っているのかを示すリストであり、「引用」とは自分と巨人とのバーチャルな会話の再現である。

　文献一覧の作り方や引用の仕方には、それぞれの分野ごとに決まったルールがある[16]。このルールは、論文の読者が当該の書籍や論文のオリジナリティを検証できるよう設けられた。つまり、その論文がどのような巨人との対話の成果なのか、彼らの肩の上から見た風景が本当に未知のものだったのかについて読者を納得させることが大切なのである。

　わたしたちが巨人の肩の上から見る風景の新しさは、わずかなものかもしれない。しかし、それが間違いなく新しいものだと、読者が納得してくれたとき、今度は彼らがわたしたちの肩の上に立ってくれるのである。

　思想家の内田樹は、「論文は自分のために書くものじゃない」と言っている。すなわち、「論文というのは〈贈り物〉である。私たちが先人から受け取った〈贈り物〉を次の世代にパスするものである」と[17]。この「贈り物」の比喩は、「巨人の肩」の比喩よりも、論文を書くときの構えとして適切かもしれない。わたしたちが誰かにプレゼントを贈るとき、プレゼントの中身自体ももちろんだが、それをどのようにラッピングするのかにも十分に気を配る。プレゼントを入れる箱、包み紙、リボンの色と結び方。それらには一定のコードがある。自己流のラッピングはたいてい失敗する。引用の仕方や文献表の作り方は、ラッピングのためのコードなのである。どれほど美しいバラをもらっても、ラッピングの仕方がでたらめであれば、うれしさは半分以下になってしまう。それと同じように、どれほど内容の優れた論文であっても、引用や文献一覧のルールが守られておらず、十分な推敲を経てなければ、読者はそれを「贈り物」として受

け取ってくれない[18]」。逆の言い方をすれば、論文を「贈り物」として次の世代にしっかりとパスすることができたとき、わたしたちは学問的な知の生産者になったと言える。

5. 近代的知のジレンマ

　論文を書くとき、わたしたちはベーコンたちが作り出した知的生産の方法を遵守している。少なくとも通常はそうである。先に述べたように、観察と実験を通して得られた一般的法則の発見という知のスタイルは、近代西洋における科学の基本枠組であり、現代でも多くの場合、有効だからである。しかし、この枠組は次第に、科学は自然を支配し、改変できる、あるいはそうしてもかまわないという暗黙の前提につながっていった。既に19世紀には意識されていた自然破壊の問題から、現代の遺伝子工学や核技術に関する倫理的問題まで、科学による自然支配は、「知は力なり」と手放しで肯定することにためらいを抱かざるをえない帰結を生み出している。

　イドラを脱した中立的・客観的知という規範にも疑問符が付されている。「立場性」（positionality）という言葉がこの問いのキーワードである。公正・中立・客観を標榜しているマスメディアが、いかにバイアス（歪み）のかかったニュースを報じているかを知らぬ者は今やいないだろう。既に触れたように、立場性の問題と無縁であるかに思える自然科学も、原子力発電や遺伝子工学の問題に典型的に見られるように、社会的な力（powers）の場から自由ではない。ましてや人間や社会について研究する人文社会系の学問の場合、公正・中立・客観という立ち位置が可能かどうか、という問いはいっそう本質的なものである。

　このように、わたしたちは近代西洋が作り出した知的生産のモードの中で研究成果を生みだそうとしているが、その過程で当の近代的知のあり方自体の問題性に直面することになる。近代的知が内包する問題を近代的知のスタイルで批判することは果たして可能なのか。これは「答えのない問い」である。おそらく唯一の正解は存在しない。しかし、このジレンマを自覚し、そこから抜け出す方途について考え抜いた上でなお、「巨人の肩の上に立つ」ことはできる。ラッピングのコードを守りながらも、ちょっとしたリボンの選択や包み方の工夫の中に、ジレンマから抜け出そうとするわたしたちの努力の痕跡が書き込まれるのである。

1│ フランシス・ベーコン（1561–1626）：イギリス（イングランド）の哲学者、神学者、法学者、政治家。イギリスのルネサンスを代表する人物であり、近代科学の誕生につながる知の基本的枠組みを築いた。主著：『学問の進歩』服部英次郎・多田英次訳、岩波書店（文庫）、1974年（Bacon, Francis. *The Advancement of Learning, 1605*）、『ノヴム・オルガヌム』桂寿一訳、岩波文庫、1978年（*Novum Organum, 1620*）。ベーコンに関する入門書は彼の知名度からするとあまりに少ない。その中から一冊を挙げる。石井栄一『ベーコン』清水書院、2016年。清水書院の「Century Books 人と思想」シリーズの中の１冊。このシリーズは手堅い良書が多い。

2│ とはいえ、自然科学と人文社会科学のパラダイムは完全に一致しているわけではない。量子力学における観測問題（measurement problem）のように、自然科学においても、観測する主体の存在が研究の対象に影響を及ぼすことが問題となっている領域はある。しかし、自然科学系の研究者のほとんどは、その影響を限りなくゼロにすることを理想としている。人文社会系の学問においては、調査し、成果を発表するという行為自体が、研究対象に対してなにがしかの影響を及ぼす。たとえば、ある村の秘められた儀式についてフィールドワークし、それを研究成果として出版したら、儀式が持っている社会的意味が必然的に変化するだろう。それはもはや秘められた儀式ではないのだから。ただし、環境や核を研究する自然科学者の中には、自分たちの学問的営為が自然と社会の相互作用に密接に結びついていることを認識する者が増えてきた。

　他方1950年代に入ると、人文社会系の学問を、自然科学のパラダイムにできる限り合致させることを目指す動きが出てくる。ここでは、「仮説→検証」に統計数値を用いることが理想とされた。この動きに距離を置いていた（取り残されていた）のは「解釈」を主たる手法とする人文科学系の諸分野である（この場合の人文科学は、「人文学」と呼称されることが多い）。しかし、1970年代後半になると、状況は大きく変化し、「ドラマ」、「テクスト」といった人文系の学問の基本概念が、人間と社会を解明するための必須のツールとして再評価されるようになる。ぜひ参照してほしいのは、佐藤郁也『フィールドワーク──書を持って街へ出よう』新曜社、1992年。パソコンを使った質的データの分析手法の発達などを受けて、2006年に本書の改訂版が出ている。この改訂は必要だったと思うが、「テクスト」としては1992年版のインパクトに及ばない。今世紀に入ると、デジタル技術と人文学の融合を目指す「デジタル・ヒューマニティーズ」によって、自然科学と人文学の新しい関係が出現した。小説、アンケートの自由記述、SNSの投稿といった従来は「解釈」に委ねられていた定性的テクストから、言葉の出現頻度や関係性を定量的に取り出すテキストマイニングがその代表である。

3│ 経験主義（empiricism）：第1節で触れたベーコンの学問的姿勢に現れているように、経験主義とは、実験や調査を重視する学問的立場のことである。日常的な「経験」とは意味合いが異なっていることに注意。社会学に「経験社会学」（empirical sociology）という分野があるが、これも人間にとって「経験」とは何かを探求するのではなく、主として計量的な手法を用いた社会調査に基づいて現実の客観的把握を目指す学問分野である。対置されるのは「理論社会学」（theoretical sociology）。理論と実証（≒経験）は相補的なもの、さらに言えば相乗的なものである。しかし、最近は「来た、見た、書いた」（@カエサル）式の研究に終始して、調査の結果を理論と対峙させることをしない（できない）社会学者が増え

葉柳和則 **073**

ている。

　ちなみに、人間にとっての「経験」について哲学的に探求したのは森有正（1911–1976）である。主著：『思索と経験をめぐって』講談社、1976など。森とは前提が異なるが、筆者もまた、トラウマ体験のような「語りえぬもの」をどのようにして表現し、他者と共有するのかという問いを、スイスの作家・知識人、マックス・フリッシュ（Max Frisch, 1911–1991）の美学思想と表現実践を通して考えたことがある。葉柳和則『経験はいかにして表現へともたらされるのか──M・フリッシュの「順列の美学」』鳥影社、2008。

4 ‖ トーマス・クーン『科学革命の構造』中山茂訳、みすず書房、1971年（Kuhn, Thomas. *Structure of Scientific Revolution*, University of Chicago Press, 1962）。大学1年の4月にこの本に出会ったときの鮮烈な印象は今でも脳裏に焼き付いている。受験勉強の解毒剤としてぜひ手にとってほしい。

5 ‖ 栗原亘・関水徹平・大黒屋貴稔編著『知の社会学の可能性』学文社、2019年。知識社会学には適切な入門書がないが、本書は学説史から大学論のような個別のテーマまでを比較的平易に議論している。この本にまとめられた学説史は本節の議論の土台となっている。

6 ‖ ピーター・バーガー＝トーマス・ルックマン『現実の社会的構成──知識社会学論考』山口節郎訳、新曜社 2003年（Berger, Peter and Thomas Luckman. *The Social Construction of Reality: A Treatise in the Sociology of Knowledge, Doubleday*, 1967）。初版の『日常世界の構成──アイデンティティと社会の弁証法』は1977年に出版された。バーガー＝ルックマンの議論は、彼らが「至高の現実」（paramount reality）と名づける日常生活の現実がいかにして構築され、維持されるのかに力点を置いている点で明らかに保守的である。しかし、その議論を逆方向にたどれば、「いかにして日常の現実を変化させられるのか」という問いに理論的基礎をもたらすことができる。実際、彼らの議論は、マイノリティの置かれた現実を再定義し、そこから変革への道筋を求めるために必須のものと見なされてきた。参照：上野千鶴子編『構築主義とは何か』勁草書房、2001年。

7 ‖ 西原和久・張江洋直・井出裕久・佐野正彦『現象学的社会学は何を問うのか』勁草書房、1998年。現象学的社会学の学問的立ち位置を知るには本書がおすすめ。上野の『構造主義の冒険』（勁草書房、1995年）の第5章「バーガー──われらがシャーマン」は、1970年代末から80年代前半にかけて、現象学的社会学が日本で受容されていった時期の空気をうまく伝えている。

8 ‖ 原語は、Seinsverbundenheit des Wissens。Sein＝存在、Verbundenheit＝結びつけられていること。verbundenは、英語では*bind*の過去分詞*bound*。受動のニュアンスを残して「存在被拘束性」と訳されることもある。しかし、これを英語では表現しきれなかったようだ。situational determinationという訳語もある。

9 ‖ プラトン『国家（上）』岩波書店、1979年、p. 107。「洞窟の比喩」は現代のメディア状況においてもアクチュアリティを持っている。決して分かりやすい本ではないが、人文社会科学を学ぶ者なら一度は手にとってほしい。正義、国家、音楽、文芸、演劇、哲学、魂といった人文社会系の問いのルーツの1つがここにある。欧米の大学生であれば、濃淡の差はあれ、こういった古典に触れた上で、レポートや学位論文に取り組んでいることも押さえておこう。

10 ‖ 本書の試行版用の原稿を脱稿した2020年2月18日の直後、同月29日に科学哲学者、戸田

山和久の『教養の書』（筑摩書房、2020年）が刊行された。その第Ⅱ部が「現代イドラ論」である。筆者と戸田山の解釈のあいだに本質的な違いがあるわけではない（と思う）が、「餅は餅屋」であり、そもそも戸田山の方が本章よりも詳しく「イドラ」について論じているので、ぜひ（タイトルを見て食わず嫌いをせず）『教養の書』をひもといてほしい。

11 ┃ オランダの版画家、マリウス・エッシャー（Maurits Escher, 1898–1972）の「だまし絵」は錯視を芸術にまで高めた。

12 ┃ ベーコン『ノヴム・オルガヌム』岩波書店、1978年、pp. 85–86。idolaはidolすなわち「アイドル」の語源でもある。現代の人文社会科学では、「アイドル」もまた研究のテーマたりうる。アイドルオタクが、どうしようもなくアイドル（Wink）に魅了されてしまう自分の社会的「拘束性」について掘り下げた研究書を挙げておこう。天野義智『自閉主義のために──他者のない愛の世界』新曜社、1990年。

13 ┃ 戸田山の『新版 論文の教室──レポートから論文まで』（NHK出版、2012年）を手許に置いておこう。レポートや論文の書き方を解説した本は数多あるが、本章のテーマとの関係で言えば、戸田山の手になるこの入門書が最も優れている。「レポートを書くのが苦手な大学新入生」との対話という形で書かれている。同書の中で批判されている山内志朗の『ぎりぎり合格への論文マニュアル』（平凡社、2001）も筆者は──数多ある論文書き方本の中では──良書だと思う。

14 ┃ それでも自己満足を覚えることはできるだろうが…

15 ┃ このことをカール・ポッパー（Karl Popper, 1902–1994）は「反証可能性」（falsifiability）という言葉で説明した。ポッパーは、オーストリア出身で、イギリスで教壇に立った哲学者。科学的な知識の必要条件として、「反証可能性」を提唱した。つまり本章はこの概念を踏まえて、レポートや論文の読者が「反証」できるように書くための基本的構えを説明していることになる。

16 ┃ 英語圏の人文社会系の場合、論文はMLA、シカゴ、APA、いずれかのスタイルに準拠していることがほとんどである。英語圏外でも英語で授業をする学部では、入学早々、演習科目の1回目にその学部が推奨する標準的スタイルを記したハンドブックが手渡され、「今後、レポートや論文はこのガイドに従ってください」と指導される。たとえばMLAのハンドブック第11版（2016）は、160ページのボリュームである。第8版が日本語に訳されているが、200ページに及ぶ。こうしたスタイルに準拠していないレポートや論文は、受け取りを拒否されても仕方ないのである。他方、日本では、分野ごとに、いやジャーナルごとにスタイルが異なっている。しかし筆者は──あらゆる「批判」を覚悟で言えば──日本社会学会の「社会学評論スタイルガイド」（https://jss-sociology.org/bulletin/guide/）が最も合理的だと考えている。

17 ┃ 内田樹（1950〜）：日本の思想家・武道家。内田はフランスのユダヤ系哲学者エマニュエル・レヴィナス（Emmanuel Levinas, 1906–1995）の思想をベースに、私たちが「イドラ」から抜け出すための補助線を提供しており、「思想の整体師」（@増田聡）と呼ばれている。主著：『ためらいの倫理学──戦争・性・物語』（青弓社、2001、角川文庫版2003）、『映画の構造分析』（2003、文春文庫版2011）、『街場の文体論』（2012、文春文庫版2016）。

18 ┃ ゼミの後輩のための「贈り物」として卒論を書くだけでも、クオリティは大幅にアップする。

第4章

自己と他者

葉柳和則

Kazunori **Hayanagi**

Chapter 4

Keyword:

アイデンティティ

脱アイデンティティ

役割演戯

自己物語

The "Self"
and
the "Other"

はじめに

わたくしといふ現象は
仮定された有機交流電燈の
ひとつの青い照明です
（あらゆる透明な幽霊の複合体）
風景やみんなといっしょに
せはしくせはしく明滅しながら
いかにもたしかにともりつづける
因果交流電燈の
ひとつの青い照明です[1]

　わたしたちは日常においては、「わたし」が「わたし」であることを疑ってはいない。「わたしはなにものなのか」という問いが立てられるのは、「わたし」についての自明性が揺らぐときである。宮沢賢治の『春と修羅』（1924）の冒頭の一節は、わたしたちの日常における「わたし」理解からかけ離れているように見える。しかし、「わたくし」が実体ではなく、「現象」（現れ）であり、「仮定された」ものであり、不可視の存在の「複合体」であり、「風景やみんな」と共にあり、それが「いかにもたしかに」あるという賢治の感覚は、わたしたちを「わたしはなにものなのか」という問いへと誘ってもいる。

1. アイデンティティ

　「わたしはわたしである」という認識が確固としてある状態のことを、わたしたちは「アイデンティティ（identity）が確立されている」と言う。アイデンティティは、「わたし」の行為や体験にまとまりや一貫性を与えている。したがって、アイデンティティを完全に喪失すると、私たちの行為や体験は——自分自身にとっても、他者にとっても——カオスと化してしまう。
　「アイデンティティ」という言葉自体は、古代ギリシア時代から論理学の重要概念であった（「同一律」〈the law of identity〉＝「AはAである」）。20世紀の後半に、この言葉を現在人口に膾炙している意味で使い始めたのは、エリク・H・エリ

クソン（Erik H. Erikson）[2]である。

エリクソンは、人間の心理・社会的発達を、「揺籃期」から「老年期」まで八つのステージに区分した。それぞれのステージには克服すべき課題があり、その課題を乗り越えることで、人は人生における次のステージに移行する。

ここでの「課題」とはアイデンティティの分裂、葛藤、混乱のことである。発達段階の中でエリクソンが最も重視したのは、「青年期」であり、そこでは「わたしはなにものなのか」という問いに答を見出すことが目標とされる。その途次において、いま−ここの「わたし」とあるべき「わたし」のあいだで、「わたし」は引き裂かれる。エリクソンはこの状態を、「アイデンティティ危機」（identity crisis）ないし「アイデンティティ拡散」（identity diffusion）と呼んだ。危機に陥り、拡散したアイデンティティを統合し、「わたし」の「輪郭」を再び確立するまでの試行錯誤の期間が「モラトリアム」（moratorium）時代である。試行錯誤を経てアイデンティティ統合を成し遂げたとき、人は「成人期」に入る。このような正−反−合の弁証法的階段を上っていくことが、成長であり、成熟だとエリクソンは捉えていた。

エリクソンは、自身のクライアント（患者）のみならず、人類の歴史において大きな役割を果たした人物、ルターやガンジーのライフヒストリーの中にも、この試行錯誤とアイデンティティ統合のメカニズムが働いていることを見出した。彼の伝記研究は、個人と社会、個人史と全体史がどのように関わっているかを解明するためのモデルを提示することで、心理学と社会学、心理学と歴史学が交差する学際的領域としての「歴史心理学」（psychohistory）を切り開いた[3]。

エリクソンのアイデンティティ論は、しかし、「同一性」という言葉ゆえに、早くも1960年代の中頃には「私は統合された単一のものでなくてはならないのか」という批判にさらされるようになった。確かにエリクソンの理論には、「アイデンティティの統合」を重視する傾向があり、モラトリアムの果てに、明確な輪郭を持った「わたし」を社会の中で位置づける＝意味づけることの重要性を説いている。しかし、少し立ち止まって考えてみると、「統合」という概念は「わたし」が複数であることを前提としている。複数だからこそ統合への動きが生まれるのである。しかも、エリクソン自身は「アイデンティティ」を「時間的な自己同一と連続性の直接的な知覚と、他者が自己の同一と連続性を認知しているという事実の同時的知覚」と定義している。つまり、「アイデンティティ」はあらかじめ「他者」を内包した概念であるとすら言いうる。

2. 複数形のわたし

　エリクソンのアイデンティティ論が持つ規範的性格に対する批判の典型を、アーヴィング・ゴフマン（Erving Goffman）[4]のアイデンティティ論に見いだすことができる。「わたし」は、舞台上の俳優と同様、社会という舞台の上で、役割ないしアイデンティティを演じているとゴフマンは考えた。確かに、「わたし」が置かれた社会的場面が異なるとき、「わたし」は別の役割を演じている。友人と談笑しているときの「わたし」、ゼミで研究成果を発表しているときの「わたし」、就活で面接官を前にしているときの「わたし」は決して「同一」（identical）ではない。「わたし」は複数形であり、identities という言葉で捉える方が適切であるように思える[5]。「私」、「オレ」、「僕」、「うち」等々の一人称単数を、社会的場面に応じて使い分けている日本語話者にとっては、「複数のわたし」という考えはさほど特異なものではない。しかし、「同一性」概念の伝統の中にあった1960年代の西欧においては、新鮮なものとして受け止められた。

　ゴフマンは「自己アイデンティティ」と「社会的アイデンティティ＝役割」とのあいだに「役割距離」（role distance）があることを強調する。つまり、自分が演じている社会的役割と自分自身とを隔てる距離の違いが、演戯の性格を規定しており、「役割との一体化」から「意図的な演戯」まで多様な演戯がありえる。就活の場面で、ほとんどの学生は「仕事のできる〈わたくし〉」という役割を演じるが、たとえば、「〈オレ〉を主語にして就活するわたし」を意図的に演じることも理論的には可能である。

　しかし、いずれのケースでも「自己アイデンティティ」の側には「同一と連続性」が前提とされており、それがあって初めて多様な役割距離が生まれるという論理構造になっている。この場合、「社会的アイデンティティ」を「自己アイデンティティ」がまとう「衣装」や「仮面」の比喩で捉えるなら、結局のところ俳優（演戯の主体）の「自己アイデンティティ」は「同一」であることがゴフマンの理論の前提だということになる。

　ゴフマンは、演劇における役割理論を社会学に援用したが、文学の世界においても、1960年代頃から「複数のわたし」を表現する試みがなされるようになった。たとえば、スイスの作家のマックス・フリッシュ（Max Frisch）[6]は、「発話するいかなる〈わたし〉も、一つの役割である」と述べ、そのテーゼを戯曲や小説を通して具体的に表現しようとした。

彼の長編小説『わが名をガンテンバインとしよう』（1964, 以下『ガンテンバイン』）の一人称の語り手＝「わたし」は、自分という存在が内包するいくつもの可能性を複数の役柄に割り振り、思考実験の形でシミュレーションしようとする：「わたしは想像する」、「わたしは物語を衣服のように試着する」。

　フリッシュの小説における「わたし」は、ゴフマンの「自己アイデンティティ」と同様、「同一と連続性」を持った存在であるかのように見える。しかし、自分の持つ複数の社会的可能性を「衣服のように」演戯する中で、「わたし」と「社会的アイデンティティ」＝「かれ（er=he）」との関係は揺らぎ始める。「かれ」と三人称で語られていた人物がいつしか「わたし」と発話するようになり、さらにはその「わたし」が二つに分裂して、一方に二人称、他方に三人称が割り当てられるといった事態が生じる。『ガンテンバイン』の断章27において、「わたし」と「わたし」が思い浮かべている「物語」の主人公「エンダリン」は、いつしか現実 vs 想像（シミュレーション）という存在論的な差異が失われた地平の上で、「とどまる／旅立つ」という二つの可能性に直面する。

　　　かれ［エンダリン］の身体はタクシーの中で座っているが、欲望はかれの身体を去ってしまっている。それの欲望は、わたしが飛行機に乗っているあいだ私のそばに、雲の上高くにある。(130)

　ここでは、「わたし」と「かれ」は、一つの状況を前にして、同じ人間が選択しうる別様の可能性を選択している。しかし、数ページ後で「わたし」は、着陸した空港で自分を待っている女性の姿を思い浮かべ、次のように語る。

　　　もしその女が黒い髪で水灰色の目、大きな目とふっくらとした唇（中略）だとすれば、あのとき飛行機に乗らなかったのは、わたしだ。(137)

　このような「わたし」と「かれ」の分裂と入れ替わりを、語り手は「かれという人間の中を走る亀裂、つまり、わたしとかれのあいだの亀裂」という同一律を逸脱した論理で説明している。

　小説の後半になると、「わたし」は分裂した複数の「かれ」や「きみ」や「わたし」を意のままに動かす力を次第に失っていく。「わたし」は思考実験の中で役割演戯というシミュレーションを続けるのだが、思考の起点としての「わたし」

が「現象」しているのは、「かれ」や「きみ」との相互作用の中、正確には、その中においてのみである。すなわちここでは、「自己アイデンティティ」と「社会的アイデンティティ」という二項対立や役割距離という概念自体が無効になっている。「自己」は「かれ」と「きみ」と「わたし」が織り合わされた「複合体」として表象されるより他ないのである。

　フリッシュは、「わたし」のアイデンティティが複数形であり、それが「かれ」や「きみ」との関係のなかで遷移し、変化していく様を、言語的表象の基本である人称構造が揺らぎ、ねじれていくことを通して表現した。これを絵画という視覚的表象の領域で表現したのがパブロ・ピカソ（Pablo Picasso）[7]らキュビズムの画家である。たとえば、スペイン内戦時代のピカソの代表作、『ドラ・マールの肖像』（*Buste de femme: Dora Maar,* 1937）を眺めると［図1］、キュビズムが遠近法に基づく絵画的表象をどのように解体していったかが見えてくる。

　キュビズムの画家は、複数の視点から見たイメージを1枚のキャンバス上に配置する。『ドラ・マールの肖像』では、ドラの左目は顔を左方向から見たときの向きで描かれている。これに対し右目は、正面から見たときの形である。顔の左側は右方向から見たときの輪郭であるが、鼻筋や鼻孔の一部はやや正面に移動した視点から描かれている。このように、多様なパースペクティブ（perspective＝遠近法）から見たドラの顔が一つの平面上に集められているのである。

　パースペクティブが複数であることは、ドラを見ている「かれ」や「かのじょ」がその数だけ存在することを意味する。つまり、ドラは複数の関係性の中で、それぞれに異なった顔を見せる。

［図1］『ドラ・マールの肖像』（1937）
徳島県立近代美術館

個々の関係性の中で見せる相貌の「複合体」として、ドラという人間が存在すると言ってもいいだろう。

　文化人類学者の出口顯[8]は、エクアドルの先住民ヒバロ族が戦利品である敵の乾し首（ツァンツァ）を、儀礼の際に「横顔（ミシャ）」と呼ぶことに着目して[9]、次のように述べている。

　　顔とは何よりもまずみられるものである。人の存在を顔として表象することは、顔をまなざす他者という存在を想定しているということである。しかもその顔が正面ではなく側面であるというのは、右側面をまなざす他者の位置と左側面をまなざす他者の位置の差異を浮かび上がらせることである。横顔つまり顔の二側面への文化とは、（まなざす）他者との複数の関係性を伴っている。[10]

　出口はこの議論を、「個人」（individual＝分割できないもの）という概念を批判する「分人」（divisual）論の文脈で提示している。すなわち、複数の横顔を持つことは、複数の他者との関係性の中で「わたし」が生起することであり、「他者との関係性を内面化させている」という意味で、「わたし」は分割可能＝divisualなのである。

　このような複合体としてのアイデンティティのことを、カルチュラル・スタディーズの理論的支柱だったスチュアート・ホール（Stuart Hall）[11]は、次のように表現している。

　　アイデンティティの概念は、アイデンティティが決して統一されたものではなく、最近においては次第に断片化され、分割されているものであることを認める。アイデンティティは決して単数ではなく、さまざまで、しばしば交叉していて、対立する言説・実践・位置を横断して多様に構成される。アイデンティティは根源的な歴史化に従うものであり、たえず変化・変形のプロセスのなかにある[12]。

　しかし、それでもなお自己が他者に向けて何かを表現しようとすれば、「わたし」という一人称単数を起点とするより他ない。それは起点が置かれた関係性の中での「一つの役割」に過ぎないとしても。

3. 他者としての「わたし」

　前節で触れた「他者」について掘り下げていこう。「わたしはわたしである」という同一律は、自己は明確な輪郭を持つことで他者と区別されるという考えを前提としている。わたしたちは日常において、わたしの境界とは身体を包む皮膚であり、その内側にわたしの精神が宿ると感じている。しかし、エリクソンのアイデンティティの定義にもあったように、自己の「同一と連続性」は、他者との相互作用の中で「いかにもたしか」なものとなる。すなわち、「自己アイデンティティ」は、他者が承認する「社会的アイデンティティ」から独立したものではない。そもそも、「わたし」が形作られていく出発点、すなわち「生まれたときのわたし」や「物心つく前のわたし」は、他者による語りを媒介にして事後的に「わたし」の一部として組み入れるより他ない。

　「わたし」の存立、すなわち自己の境界が明確になり、「わたし」と語る主体が生成する過程を、フランスの哲学者・精神分析家ジャック・ラカン（Jacques Lacan）[13] は、二段階の同一化として捉えた。最初の同一化は「鏡像段階」（the mirror stage）と呼ばれ、幼児は鏡に映った自分の姿への同一化を通して、自己の境界を認識し、内側すなわち自己の身体の統一性を獲得する。第2の同一化においては、幼児は言語を習得することを通して、「わたしは」と語る subject（主語＝主体）になる。つまり、第1の同一化において、幼児が「わたし」だと直感したものは、自分自身ではなく、鏡像、すなわち他者である。第2の同一化における言語習得は、「わたし」の誕生よりも前に他者が作った記号のシステムを受け入れることである。このプロセスなしに「わたし」が「わたし」として語り始めることはできない。このように「わたし」の生成は、二重の意味で他者化されている。

　「わたし」が否応なく他者性を帯びていることは、19世紀末から20世紀前の多くの知識人や芸術家が認識していた。最も有名なのは、フランスの詩人アルチュール・ランボー（Arthur Rimbaud）[14] の言葉、「わたしとは他者のことである」（Je est un autre）である。この言葉は、「見者の手紙」と呼ばれる書簡集の中で2回出現する。この言葉が記された文脈を示すために、ランボーが高等中学校時代の恩師、イザンパールに宛てた手紙の一節を引用したい。ただし、この一節をどう訳すかは既に、ランボー研究のテーマとなっており、ただ一つの既訳を挙げることが難しいため、あえて本章の議論との結びつきの分かる試訳を挙げる。

わたしが考える、というのは誤りです。わたしにおいて考えられる（On
　　me pense）と言うべきです。（中略）わたしとは他者なのです。[15]

　ここでの「わたしが考える」は、ルネ・デカルト（René Descartes）[16]が1638年
に『方法序説』の中に記した命題、「我思う、ゆえに我あり」（Je pense, donc je suis.
上の引用に合わせれば、「わたしは考える、だからわたしは存在する」）を指している。こ
の命題は、「わたし」は主体的、合理的、論理的に考えることでこの世界におい
て確たるものとして存在しうる、という近代的自我をめぐる議論の出発点と
なった。これに対して、ランボーは主語＝主体としての「わたし」ではなく、
不定代名詞onが「わたし」おいて考えると書いている。つまり、「わたし」の内
にいる主語＝主体としての他者が考えるのである。
　ランボーの一つ下の世代に属し、精神分析の基本枠組を作り上げたジークム
ント・フロイト（Sigmund Freud）は[17]、『自我とエス』（Das Ich und das Es, 1923）の中で、
親交のあった精神分析家ゲオルク・グロデック（Georg Groddeck, 1866–1934）の近
著『エスの本』（Das Buch von Es, 1923）を引いて、次のように述べている。

　　われわれがわれわれの自我と呼んでいるものは、生において本質的に受
　　動的な振舞いをしており、彼の言い方を借りれば、われわれは、見知らぬ
　　統御しがたい力によって「生きられて」いる。（中略）ここで私としては、知
　　覚系に発し、まずは前意識的であるものを自我（das Ich［＝わたし］）と呼び、
　　それに対して、この自我と地続きでありながら、無意識的な振舞いをする
　　これとは別の心的なものを、グロデックの用語を借りて、エス（das Es）と
　　呼ぶことにしたいと思う。[18]

　グロデックやフロイトの言う「エス」とは、英語のitに対応するドイツ語の
（人称代名詞ではなく）非人称代名詞es[19]を、普通名詞化──すなわち語頭を大文
字に──してEsという専門用語にしたものである。英語系の精神分析では、「イ
ド」idとラテン語で呼ばれる[20]。Esはいかなる名詞の代理でもない。「Es＝それ」
としか名付けようのないなにものかが、「das Ich＝わたし」を突き動かす。言
い換えると、「考える」、「振舞う」という行為が生じた後に、その主体＝主語と
して──因果的にも、文法的にも──「なにものか」を想定しないわけにはい

かない。この「わたし」の内に在り、「わたし」の意識による統御に服さず、し
かし「わたし」と身体を共有している「なにものか」が「エス」なのである[21]。

　フリッシュは『日記 1946–1949』の中で、「書く」という行為に関して、ラン
ボーやフロイトと同型の「受動性としてのわたし」、「なにものかに突き動かさ
れるわたし」という感覚について記している。

　　　地震計の針のように、筆を手に取る。なのに本当は、書いているのはわた
　　　したちではない。そうではなくわたしたちは書かれるのである。書くとは、
　　　自分で自分を読むことだ。それが完全な満足となることはめったにない。
　　　（361）[22]

　ここでの「書く」という行為の主体は、外側から見れば、「わたし」である。「わ
たし」が書こうとしたことと、「わたし」の指の動きの軌跡が作り出すテクスト
とのあいだには、常にズレが、どこかしら決定的なズレがある。「わたし」の意
識をすり抜けて、意図していたこととは別のことが書かれる。能動が受動に変
わるのである。外からは見えない不可視の他者が「わたし」の指の動きを操っ
ているかのように[23]。

　「わたし」の内なる他者は、時として自らの外部にいる他者として現れる。
賢治は中学校に入った日のことを次のように歌っている。

　　　父よ父よなどて舎監の前にして大なる銀の時計を捲きし[24]

　社会学者の見田宗介は、この歌は舎監のまなざしによって、自らの父親が金
持ち趣味の俗物として対象化された瞬間の、「激しい羞恥の体験」の表現だと述
べている[25]。つまり、他人の前では、裕福な質・古物商であった「父親が賢治
の自我の一部を構成している」のである。わたしたちは、程度の差こそあれ、
このような恥ずかしさを覚える瞬間がある。それは人前での家族の言動であっ
たり、外国での同胞の振舞であったりする。このように「わたし」の境界は、
相互作用が作り出す社会的交流圏の中で身体の外部にまで広がっていく。

4. 物語としてのわたし

　1980年代以降顕著な展開を見せる「自己物語論」は、「物語を試着するわたし」というフリッシュの着想と類縁性を持っている。この理論は、物語という文学由来の概念を核にして、社会学とセラピーが交叉する領域を切り開いている。社会学者の浅野智彦は、「〈自己〉というのは自らの様々な行為と体験が帰属させられるある中心のようなもの」と暫定的に定義した上で、次のように述べる。

　　　けれどもこのようなまとまりや整合性は自然・必然に生まれてくるものではない。それは、一定の視角から行為や体験を取捨選択し、かつそれらを一定の筋に沿って配列していくことによってはじめて産み出されるものである。したがって、その人の持つ無数のエピソードが首尾よく選択、配列されている限りにおいてのことである。[26]

　自己は行為や体験に一定のまとまりや一貫性を与えているが、それは、決して「自然・必然に生まれてくるものではない」。わたしたちは、自分の人生について他者に語る際、自身の行動や体験のすべてを再現することはできない。そうではなく、行動や体験から取捨選択したエピソードを、時間軸上に配列し、他者と自分自身が納得する形でストーリー化する。自己物語論は、「エピソードの選択と配列を通して〈わたし〉が現れてくる」という点を強調する。つまり、自明なものとしての「わたし」が何かを語るのではなく、「自己は、自分自身について物語ることを通して生み出される」。

　ここでの「物語」は、具体的な読者や聞き手を想定した語りには限定されない。わたしたちは日常の中で「わたしはこういう人間である」というイメージを抱いており、これを漠然とあるいは無意識的に参照することで、発話の形式と内容を決める。浅野は、一人でいるときであっても、絶え間なく続く「心の中のおしゃべり」によって、自己が産み出され、維持されていると述べている。

　何かを選択するとは、別の何かを選択しないこと、すなわち排除することである。選択の基準を変えれば、別の自己物語を語ることも可能である。したがって、自己物語論においても「わたし」をめぐる複数の物語が前提とされており、それらの中で最も説得力のある物語が「ドミナント・ストーリー」(dominant story) として自己と他者に共有されているのである。これをアイデンティティ

が統合されている状態だと考えれば、「アイデンティティ危機」や「アイデンティティ拡散」は、ドミナント・ストーリーに対する違和感が顕在化している状態として捉えることができる。

とはいえ、浅野や上野はエリクソンとは異なり、アイデンティティの「危機」や「拡散」を克服さるべき契機と見なしてはいない。上野は、複数のアイデンティティを生きることの意味を次のように説明している。

　　実際のところ、多くの人々は、アイデンティティの統合を欠いても逸脱的な存在になることなく社会生活を送っている。（中略）この複数のアイデンティティのあいだに、強い「隔離compartmentalization」や「非関連dis-sociation」が成立した状態を、わたしたちは「多重人格」とか「解離性人格障害」と呼ぶが、それは病理である以前にポストモダン的な個人の通常のありかたではないだろうか。[27]

浅野は、ゴフマンの「自己／社会的アイデンティティ」の代わりに、G・H・ミードの「Iとme」という概念を用いて、Iとmeのあいだに「絶えず距離がうがたれ、両者が絶え間なく差異化していくようなプロセス」こそが「自己」なのだと述べている。ここでもアイデンティティは、同一律から自由になり、「〈同〉でありかつ〈異〉でもあるような（自己でありかつその外部にある他者でもあるような）、パラドキシカルな同一性」として構築される。

自己物語論を経由すると、フリッシュの「物語は試着できる」という主張の射程が見えてくる。フリッシュが小説や演劇という虚構空間の中で、別の自己物語を試行的に演戯するという手法を用いたように、物語療法（ナラティブ・セラピー）の領域においては、クライアントとセラピストが、ドミナント・ストーリーとは異なった自己物語を共同で構築する。これはさしあたり、セラピーの場に限定されたものかもしれないが、新しい物語が説得性のあるものであり、セラピスト以外の他者とも共有されれば、今までとは違った「わたし」が社会的関係の中に現れたと言える。つまり、「いかにもたしか」なものに思える「わたし」が、「みんな」との物語の共有を通して別様の「わたし」として現象したのである。

5. 補論　異議申し立ての時代とエリクソン

エリクソンが、「複数のわたし」という考えを前提としながらも、「アイデンティティの統合」の側に力点を置いた理由を探るには、1950年代後半から1960年代にかけての時代背景を考慮する必要がある。1950年代のアメリカは経済的繁栄を謳歌していたが、そのひずみに対する批判が生まれた時代でもあった。たとえば黒人たちは人種差別に対して抗議の声を上げ、若者たちは「セックス」や「反抗」をモチーフにしたロックンロールに熱狂した。60年代に入ると、公民権運動、ヒッピー運動、フェミニズム運動、ヴェトナム反戦運動などの社会運動が次々とわき起こった。つまり、1960年代はマイノリティや若者による異議申し立てが始まった時代であった。そこでは、既存の社会制度によって与えられたアイデンティティに対する違和感や異議を梃子にして、別の生き方を探ることが重視された。つまり、社会−歴史的状況とエリクソンの理論が呼応していたのである。

エリクソンの『青年ルター』にせよ、『ガンジーの真理』にせよ、与えられたアイデンティティに抵抗し、別のアイデンティティを獲得するというプロットを与えられている。しかも、ルターやガンジーの自己アイデンティティの変容は、彼らと行動を共にする他者との相互作用の中で、新しい集合的アイデンティティ（collective identity）を形作っていく。これは、社会や親世代によって強要されたアイデンティティに対する個人的抵抗が別様のアイデンティティを必要とし、たくさんの他者がそれに呼応することで多様な社会運動のうねりを生み出していくという50年代から60年代のアメリカ社会の現実とパラレルな関係にある。このように、前章で触れた存在拘束性の下にエリクソンの理論とその社会的受容があったと言える。

---

1 ｜ 天沢退二郎・入沢康夫他編『校本宮沢賢治全集』（筑摩書房、1973–77年）、第2巻、p. 5。筆者が賢治に関するノートを集中的に作った時期は1990年前後である。現在は、宮澤清六・天沢退二郎他編『新校本宮沢賢治全集』（筑摩書房、1995–2009年）が完結している。

2 ｜ エリク・H・エリクソン（1902–1994）：アメリカの発達心理学者・精神分析家。ユダヤ系デンマーク人を母としてドイツのフランクフルトに生まれる。父親の氏名や経歴は不

明。1933年にウィーン精神分析研究所で分析家の資格を取得した後、ナチスの迫害を逃れて、アメリカに亡命する。主著：『幼児期と社会』仁科弥生訳、みすず書房、1977–80年（*Childhood and Society*, W. W. Norton, 1950）、『アイデンティティとライフサイクル』西平直・中島由恵訳、誠信書房、2011年（*Identity and The Life Cycle*, International Universities Press, 1959）、『ガンディーの真理──戦闘的非暴力の起原』星野美賀子訳、みすず書房、1973–1974年（*Gandhi's Truth: on the Origins of Militant Nonviolence*, Norton, 1969）。

3 ‖ 栗原彬『歴史とアイデンティティ──近代日本の心理＝歴史研究』新曜社、1982年。本書の第1章「歴史における存在証明を求めて──〈創造的変革者〉への歴史心理学的接近」は、個人の来歴と社会的歴史が交叉する場所で何が起こりうるかをめぐる理論的考察である。続く諸章では、近衛文麿、大本教の出口なお・出口王仁三郎と信者たち、水俣、三里塚などが、歴史心理学の視点から考察されている。

4 ‖ アーヴィング・ゴフマン（1922-1982）：アメリカの社会学者。人間の相互作用を「演劇」として捉えることで、自己と社会の関係性を可視化する手法を生み出した。主著：『行為と演戯──日常生活における自己呈示』石黒毅訳、誠信書房、1974年（*The Presentation of Self in Everyday Life*, Doubleday, 1959）、『出会い──相互行為の社会学』佐藤毅・折橋徹彦訳、誠信書房、1985年（*Encounters: Two Studies in the Sociology of Interaction*, Bobbs-Merrill, 1961）、『スティグマの社会学──烙印を押されたアイデンティティ』石黒毅訳、せりか書房、1970年（*Stigma: Notes on the Management of Spoiled Identity*, Prentice-Hall, 1963）。メディアにおけるジェンダー表象に関する研究、*Gender Advertisements*（Macmillan, 1979）は、今日なおたびたび参照されるにもかかわらず、未だ日本語に訳されていない。誰かチャレンジしてみよう！

5 ‖ 上野千鶴子編『脱アイデンティティ』勁草書房、2005年。「一貫性のある自己」というアイデンティティ概念を批判的に検討し、多元的で流動的な自己イメージを探求した論文集。社会学とその隣接領域におけるアイデンティティ概念とそれに対する批判および再評価の系譜を概観できる。特に上野による序論は必読。

6 ‖ マックス・フリッシュ（1911–1991）：スイスの作家・思想家。「アイデンティティ拡散」の問題を主題にした小説や戯曲で知られる。主著：小説『ぼくはシュティラーではない』中野孝次訳、白水社、1970年（*Stiller*, Suhrkamp, 1954）、戯曲『アンドラ──十二景の戯曲』市川明訳、松本工房、2018年（*Andorra*, Suhrkamp, 1962）、小説『わが名をガンテンバインとしよう』中野孝次訳、新潮社、1966年（*Mein Name sei Gantenbein*, Suhrkamp, 1964）など。次ページの引用は以下による。Max Frisch. *Mein Name sei Gantenbein*, in *Gesammelte Werke in zeitlicher Folge*. Bd. 5. Suhrkamp, [1964] 1986, p. 5–320.

7 ‖ パブロ・ピカソ（1881–1973）：スペインに生まれ、主としてフランスで活動した画家。作風は時期／年齢とともに大きく変化する。極めて多作であり、版画や陶器まで入れると15万点あまりの作品を制作しているが、失敗作と言えるものがほとんどない。最もよく知られた作品は、スペイン内戦に介入したドイツ空軍による都市ゲルニカに対する無差別爆撃を主題にした『ゲルニカ』（*Guernica*, 1937）。この絵が、『ドラ・マールの肖像』と同じ年に描かれていることにも注目していただきたい。ピカソに匹敵しうる画家は、葛飾

———

北斎（1760?–1849）のみであろう。

8‖ 出口顯（1957–）：文化人類学者。主著：『名前のアルケオロジー』紀伊國屋書店、1995年、『誕生のジェネオロジー──人工生殖と自然らしさ』世界思想社、1999年、『ほんとうの構造主義──言語・権力・主体』NHK出版、2013年。誤解されたままに流通している構造主義概念に本来の意図・意味・射程を取り戻そうとする出口の試みにぜひ触れてほしい。

9‖ この事例は、フランスの社会人類学者クロード・レヴィ＝ストロース（Claude Lévi-Strauss, 1908-2009）の『やきもち焼きの土器作り』の中に収録されている。レヴィ＝ストロース、は人類学・神話学からスタートして、現代思想の主要枠組みの一つである構造主義の基本的考え方を理論化した。主著：『親族の基本構造』福井和美訳、青弓社、2010 年（Les structures élémentaires de la parenté, Presses Universitaires de France, 1947）、『野生の思考』大橋保夫訳、みすず書房、1976（La pensée sauvage, Plon, 1962）。構造主義の入門書としては、出口（2013）の他、内田樹の概説を薦める。内田樹『寝ながら学べる構造主義』文藝春秋社（新書）、2002年。

10‖ 出口（2013, p. 241）。

11‖ スチュアート・ホール（1932–2014）：ジャマイカに生まれ、1951年にイングランドに移住。バーミンガム大学の現代カルチュラルセンター（CCCS）の所長を務めた。日本語に訳された単著はないが、次の共著にホールの学問的立場やカルチュラル・スターディーズの基本的立場が集約的に表現されている。スチュアート・ホール＆ポール・ドゥ・ゲイ編『カルチュラル・アイデンティティの諸問題──誰がアイデンティティを必要とするのか？』宇波彰監訳、大村書店、2001年（Questions of Cultural Identity, SAGE, 1996）。

12‖ 上掲書、p. 12。

13‖ ジャック・ラカン（1901–1981）：精神分析の創始者であるジークムント・フロイト（Sigmund Freud, 1856–1939）の仕事を、「近代言語学の父」と呼ばれるフェルディナント・ド・ソシュール（Ferdinand de Saussure, 1857-1913）の記号論に依拠して読み解くことによって、「無意識は一つの言語のように構造化されている」というテーゼを提示した。主著：『フロイトの技法論』小出浩之他訳、岩波書店、1991年（Les Ecrits techniques de Freud 1953–1954, Le Seuil, 1975）、『精神分析の四基本概念』小出浩之他訳、岩波書店、2000年（Les quatre concepts fondamentaux de la psychanalyse 1963-1964 Le Seuil, 1973）。

14‖ アルチュール・ランボー（1854–1891）：フランスの詩人。15歳で詩作を始め、20歳で放棄した。その後は諸国を放浪する旅に出、傭兵、土木作業員、貿易商などを生業としたが、次第に健康を害し、37歳で没した。主著：『地獄の季節』小林秀雄訳、白水社、1930 年（Une saison en enfer, La Vogue, 1873）。小林訳以外にも、中原中也訳など多数の翻訳がある。比較して読むと、詩の翻訳に、いや、そもそも翻訳というものに唯一の正解などないことが、手に取るように伝わってくる。

15‖ Arthur Rimbaud. Lettres du Voyant: 13 et 15 Mai 1871, Editées et commentées par Gérald Schaeffer, Droz, 1975, p. 113. たとえば、祖川孝は、引用箇所内でjeを、「吾れ」、「わたし」と訳し分けている（『ランボオの手紙』、角川書店（文庫）、1998年）。他方、金子光晴は、「我」、「僕」と訳している（『ランボオ詩集』、角川書店、1951年）。

16 ｜ ルネ・デカルト（1596–1650）：フランス出身の哲学者、数学者。「近世合理主義哲学の開祖」、「近代哲学の父」と呼ばれる。「知識」の章で取り上げるフランシス・ベーコンの同時代人であり、近代の人間観や学問観の基本的枠組みを作った。主著：『方法序説』、山田弘明訳、筑摩書房（学芸文庫）、1997年（*Discours de la méthode*, Leyde, 1637）。

17 ｜ ジークムント・フロイト（1856–1939）：オーストリアの精神科医。精神分析の創始者。彼が専門用語として使った「無意識」（das Unbewusste＝意識ならざるもの）ほどに、20世紀以降の思想と芸術に影響を与えた概念は稀である。フロイトの著作は難解だが、講義録は聴衆との相互作用を意識しており、フロイトの口吻までも伝わってきて、非常に分かりやすい。『精神分析入門』（*Vorlesungen zur Einführung in die Psychoanalyse*, Fischer, [1917] 1998）。複数の翻訳が出版されているが（新潮文庫、中公文庫、角川ソフィア文庫など）、岩波書店から出版された『フロイト全集』第15巻（『1915–17年 精神分析入門講義』）を推奨する。

18 ｜ フロイト『自我とエス』（『フロイト全集』第18巻『1922–24年 自我とエス・みずからを語る』）道籏泰三訳、岩波書店、p. 18.（Freud, Sigmund. *Gesammelte Werke. Bd.13 Jenseits des Lustprinzips; Massenpsychologie und Ich-Analyse; Das Ich und das Es*, Fischer, p. 251）

19 ｜ it rains の it。ドイツ語で言えば、es regnet。特に何かを指しているわけではないが、rains / regnet という出来事が生起している以上、「なにものか」を主語＝主体にする必要がある。

20 ｜ 「自我」は das Ich なので、英語に訳せば the I であるが、これにも「エゴ」ego とラテン語が当てられる。つまり、「自我」＝「わたし」であるが、「自我」という言葉は、「わたし」という日常的現象が問題になっていることを見えづらくしている。

21 ｜ Mr. Children のバラード『【es】〜Theme of es〜』（1995）は、そのタイトルが示すように「エス」を主題としている。サビの最後で桜井和寿は「僕［＝わたし］の中にある「es」に向かって〈僕を走らせてくれ〉」と歌う。意識の領域に定位している「わたし」が、無意識の場にある「エス」にみずからを突き動かすよう〈命令形〉で呼びかけるという奇妙な状況がなぜ生まれたのか、考えてみよう。

22 ｜ Max Frisch. *Tagebuch 1946–1949*, in *Gesammelte Werke in zeitlicher Folge*. Bd. 6. Suhrkamp, [1950] 1986. 引用に際しては頁のみを記す。

23 ｜ 「受動性としてのわたし」、「なにものかに突き動かされるわたし」の思想的水脈をさらに辿っていくこともできる。たとえば、グロデックやフロイトの「エス」は、フリードリヒ・ニーチェ（Friedrich Nietzsche, 1844–1900）の『善悪の彼岸』の一節に由来している。

　　　思想というものは、「それ」が欲するときだけにわたしたちを訪れるのであり、「われ」が欲するときに訪れるのではないということだ。だから主語「われ」が述語「考える」の条件であると主張するのは事実を偽造していることになる。「それ」（Es）が考えるのである。そして、この「エス」が、あの昔から有名な「われ」であると主張するのは、控え目にいっても一つの仮説に、一つの主張にすぎないのだし、何よりも「直接的な確実性」などではないのである。
　　　さらに言えば、この「〈エス〉が考える」さえも言い過ぎなのだ。この「エス」はす

でに、思考の過程を解釈したものであり、思考過程そのものに含まれたものではない。

引用：フリードリヒ・ニーチェ『善悪の彼岸』中山元訳、光文社（古典新訳文庫）（Nietzsche, Friedrich. *Jenseits von Gut und Böse: Vorspiel einer Philosophie der Zukunft*, in *Sämtliche Werke 5*, de Gruyter, [1886] 1999, pp. 51–52.

このニーチェの言葉もオリジナルではなく、ゲオルク・クリストフ・リヒテンベルク（Georg Christoph Lichtenberg, 1742–1799）に端を発している。「控え目にいっても一つの仮説」という言葉と、本章冒頭で掲げた「仮定された有機交流電燈」という賢治の詩句とが響き合っていることも確認しておきたい。

時代を下れば、バートランド・ラッセル（Bertrand Russell, 1872–1970）は、『西洋哲学史』の「デカルト」の項で次のように述べている。

> デカルトの疑い得ない事実は、彼自身の思考──「思考」（考え）という語をもっとひろい意味に用いて──であった。「わたしは考える」が彼の究極的な前提なのだ。しかしここで、「わたし」という語はまさに不当である。デカルトは彼の究極的な前提を、「考えがある」（there are thoughts）という形態で述べるべきであった。「わたし」という語は文法的には便利だが、所与というもの（a datum）を叙述していない。（ラッセル 1969, p. 560）

ラッセルは「わたし」という「便利な」主語を避けるために、受動態でも非人称でもなく、存在の there（existential there）を使っている。カナダのメディア研究者、マーシャル・マクルーハン（Marshall McLuhan, 1911–1980）の最もよく知られた言葉 "Media is the Message" をもじって言えば、"Style is the Message" なのである。

本章で挙げたすべての哲学者・芸術家を系譜的に位置づけているわけではないが、「エス」の系譜を丹念に追った著作を紹介しておく。互盛央『エスの系譜──沈黙の西洋思想史』（[2011] 2016）講談社（学術文庫）。

24 ‖ 上掲『校本宮沢賢治全集』第1巻、p. 100。

25 ‖ 見田宗介『宮沢賢治──存在の祭りの中へ』（1984）岩波書店。宮沢賢治の中に近代日本の自我の可能性と限界を探っている。文学テクストを社会学の視点から分析する際の一つのモデルとなる著作。

26 ‖ 浅野智彦『自己への物語論的接近──家族療法から社会学へ』勁草書房、2001, p. 15。浅野の「自己物語論」は、上野編の論集（2005）にも収録されているが、この単著をひもとくことで、議論の背景をいっそう深く知ることができる。

27 ‖ 上野上掲書（2005）、p. 35。

第Ⅱ部

社会
その概念化と歴史

Part II
Society,
its Conceptualisations and History

アナーキーな国際秩序と共生の世界

森川裕二
Yuji Morikawa

Chapter 5

Keyword:

地球化・反地球化

主権国家

「壁」

非西欧社会

植民地主義

アナーキーな世界

共生

Living Together
in an Anarchical
International
Order

はじめに

　国際社会は人間と国家のあり方を根本から変革する必要性が求められるほど、グローバル化（地球化）[1]が進んでいるといわれてきた。グローバル化が世界を覆う客観的な変化を意味する言葉であるのに対し、グローバリズムはグローバル化という現象を主観的に認識する方法を意味する。東西冷戦[2]が終わり、グローバル化が議論され始めた1990年代から、これに反発する反グローバリズム（反地球化）が社会の大きな思想のうねりとなり、地球化と反地球化の相剋の中で国際関係が激しく動いている。グローバル化はプロセスであり、様々な分野で同時に変化の胎動が生まれ、かつグローバル、ローカル双方にも連関し、主権国家が主体の国際秩序が根底から揺らぎを見せている。世界の少数者（マイノリティー）は、権力を有し利益を独占し、強欲によって、自分自身や帰属するコミュニティ、文化、世界を犠牲にすることもいとわない。

1. 地球化と反地球化の相克

　1989年のベルリンの壁崩壊に象徴される冷戦終結とグローバル化は、国境を越える人、モノ、情報の移動を著しく活発にさせ、一方で膨大な富を創り出し、他方では競争激化によって経済の格差を拡大する。新興国の急激な台頭と対照的な先進国の頭打ち状況にからんで、国際社会、国内社会の双方に不安と不満を増長してきた。水平的に地球はひとつにつながり、垂直の次元では階層化とともに政治経済面で新たな、不可視的な「壁」をつくりだすように支配と従属関係を生み出している（[写真1]「バカがまた壁をつくっている」）。このような権力が複雑からんだ重層的ともみえる関係が政治、経済のあらゆる局面で広がりをみせ、国家による権力関係を掘り崩そうとしながら、これまで西欧世界が創造してきた「進歩」の準拠枠を超えた、貧困、差別、食糧、環境・衛生といったさまざまな問題群が日常生活の場にまで浸透している。

　先進国において中間層（ホワイトカラー）の没落が進むなかで、「福祉ナショナリズム」と呼ばれる現象が蔓延している。移民労働力と情報技術の発展によって失われた雇用、安価な新興国の工業製品に流入によって、自分たちの福祉と雇用を保全するために、移民を排除し自由主義的な貿易体制に背を向ける「自国ファースト」（自国第一主義）、いわゆるポピュリズム[3]の動きが発生している。

［写真1］バカがまた壁をつくっている[4]

　さらに先進国の自国第一主義が、とりわけ非西欧世界における貧困や暴力、テロリズムといった負の営みを際立たせる地球規模の負の循環に陥りつつある。こうした地球全体に埋め込まれた差別と格差の重層構造が拡大再生産する構図に対し、グローバル化そのものに対し懐疑的ないし否定的な議論に拍車がかかる。いわゆる反地球化の力である。

　地球化肯定派ともいえる経済界および経済畑の論客を中心にした集団は1990年代以降、グローバル化によって国境の垣根が低くなり、主権国家の存在は不要になる、とくに経済の領域で産業、貿易、金融が国家を超えたネットワークを拡大した結果、脱国家化をもたらすという主張を展開した。

　地球化懐疑派は、主権国家誕生の起源とされる1648年のウエストファリア条約以降、どのような経済活動も特定の国家に基盤を置き、国家中心の国際社会の構図は変わっていないと強く主張した。国家の枠組みを超えた経済活動や、地球規模の環境汚染、および中国湖南省からアジア全域さらに世界に伝播した新型コロナウィルスに代表される公衆衛生問題、人権、気候変動などの地球規模の問題群に取り組む市民社会やNGO（非政府組織）の存在と影響力は国際社会で認められつつあるが、主権国家体制が大きく変わるまでには至っていない。

このように変化の胎動を無視し続ける。

こんどの壁は見えない壁だ。
あれから30年。ベルリンで壁を壊した人類は
なんのことはない、せっせと新しい壁をつくっている
貧富の壁、性差の壁、世代の壁……。
みえない分だけ、やっかいな壁たち。
そろそろもう一度、ハンマーを手にする時ではないか。
私たちはまた、時代に試されている[5]

　地球化vs反地球化という議論の混沌は続く。主権国家の意味と役割が変容
し、経済、社会の脱国家化的な動きが進むなかで、スーザン・ストレンジ（S.
Strange）の「国家の退場」[6] もなく、政治学者のH・ブル（H. Bull）がいうような一
切の集権的な権威を欠いたアナーキーな国際社会（The Anarchical Society）[7] でも
ない混沌である。この混沌は、主権国家主体の近代世界の構造を一新するまで
続く気配である。

2. 人間的実存の危機

　圧倒的多数者である民衆の生活への襲撃、分断、破壊のヘイト文化、サイバー
空間における個人情報がメガデータとして商品化され、権力に監視されるディ
ストピア。物理的、物質的な強者だけが生き残り、人間の実存を拒む一方で、
他方では痛みを自分の痛みとして感じる底辺の人びとの犠牲のうえに成り立っ
ている近代社会。これが地球化と反地球化の相剋が進む現代社会の実相であり、
この世界に住む人々の喫緊のテーマである。
　人間の実存を拒む科学技術・テクノロジー、情報技術革新がもたらすデジタ
ル・ディバイド（情報格差）。「持てるもの」と「持たざるもの」の新たな不均衡が
世界的に拡大再生産される。遺伝子工学と生命倫理の揺らぎ、ゲノム編集・ク
ローン技術、AI（人工頭脳）によるポスト・ヒューマン時代の到来を前にして、
一方では技術革新による身体からの乖離した世界が広がりながら、他方では軍
事と民需の境界が希薄化していく。この結果、人間は技術に従属する。人間ら
しい活動は技術の下に広がる新しい世界に従属し人間疎外が歴然とする。知的

[写真2] リサ・クリスティン「現代奴隷の目撃写真」

　財権に拠る寡占によって拡大するバイオ産業や地球化した情報産業のGAFA（Big Four tech companies: Google, Amazon, Facebook, Apple）は、グローバル化した市場の横領とともにその痕跡を消し去る荒技を発揮する。

　ヨーロッパに偏りがちな視点を少しずらしてみれば、見えるモノも違ってくる。漂流世界を象徴する人びとのまなざし、移民船拒否、受け入れ問題で亀裂を深めるヨーロッパ、2018年6月、629人の（気候難民、紛争避難民、国内避難）移民者を海上で救出、イタリアとマルタ共和国から受け入れを拒否されたNGOの船、アクアリウス号がスペイン東部のバレンシア港に入港する人びと、そこには人間としての顔がある。

　近代産業革命の申し子である自動車産業を取り上げると人間実存の危機と、欧州を起源とする近代の限界は歴然としてくる。石油・ガソリンといった化石エネルギーの自動車から電気自動車開発競争の激化は、電池材料である希少鉱物資源コバルトの需要増を生み、児童労働の強制労働・奴隷労働への依存に拍車をかける。リサ・クリスティン（Lisa Kristine）[8]の「現代奴隷の目撃写真」（写真）が、危機の様相を物語る。これら複合的現実への立ち位置は、近代と人間の危機が隣り合わせの距離感を示している。人間の尊厳、自由と自立、公正と安全、

共生環境、修復的正義（反省と償い）によって世界と自己とを同時変革するには、その根底にある植民地主義、人種主義、オトコ中心主義への抵抗（板垣雄三「市民革命の侵す欧米中心主義」）9 に続いて、日本の内なる植民地主義の歴史を透視することから、中東・パレスチナ問題に接近する視座を提示する必要がある（「日本問題としてのパレスチナ問題」『現代思想』2018年）。これが非西欧世界の視点である。

3. 近代科学のリロケーション、日本とアジア、共生

　21世紀の人文社会系の学問の根底にある思想的な潮流は、西欧近代の市民原理に裏打ちされてきた。ハーバーマス（Harbermas）が指摘するように、市民の概念は、西欧社会の近代化のなかで産業資本家という名の中産階級から資本主義の発達に伴い、労働者全般へと広がり、現代の市民社会へと展開してきた10。その一方で、歴史、地域とともに複雑化した歴史の主体を根本から問い直す作業を忘却し、西欧の枠組みにしがみついてきた。現代の人文社会系の学問が直面する地球化した国際社会の現状は、人間の生の深みにさかのぼるために、具体的な場からのアナーキーな世界の問い直しを示唆する。

　現代の日本が地球化するプロセスで直面する問題は、植民地化という名の帝国的な営みによって培われた存在に加えて、近代化のプロセスで西欧的体系の規格・標準への適合と反発が連鎖する問題である。近代日本の形成は、アイヌ、沖縄ばかりではなく、戊辰戦争、東北振興など国策による国内植民地化と、朝鮮半島、台湾、中国大陸、そして東アジアへの侵略戦争による重層的な権力様態の国際秩序を形成した。日本の帝国化に伴って植民地化を余儀なくされた東アジアの諸地域で、「日本」がさし示した領土、国民、主権が戦争を挟んで貫通した「貫戦期」という縦糸と、東アジア、沖縄、台湾・北海道・小笠原・奄美の諸地域を横断する「間−地域」という横糸とが組み合わさる歴史の形象である。

　エドワード・サィード（E. Said）は『オリエンタリズム』11 の序章で、①西欧の「東洋学」は東洋をどのように捉えてきたのか、②学問以外の文学・芸術分野で東洋がどのように想像され、表象されてきたのか、③その両者のオリエンタリズムの言説が、植民地支配とどのように結びついてきたのかを問うている。この知のあり方、その様式や体系が権力といかに連動していることを普遍的問いに昇華させ、「人の視点」から知を語ることで、西欧の優越性・卓説性の仮面

を剥がしていくのは肝要である。ゆえに、植民地主義は帝国主義のコロラリーではなく、独自の論理と自律性をもった動態であると解すべきである。そこには植民地主義に抵抗する思想の数々がある。西欧支配の構造を無化する連帯・ネットワークが現出する。

　近代科学のリロケーション（再考すること）と人間主義の回復、非西欧世界の「近代への逆襲」──。押し付けられた「国家」枠組みを突き破るローカルな秩序の文法を読み解く、アジアそしてアフリカやカリブ海の世界性に注目してみよう。

　「かつてアフリカの人びとは、奴隷航路という負のルートに乗り、海を越えて散らばっていった。しかし、かれらの文化の生命力は失われることなく、行った先々で根づき、姿を変えて、いまなお世界中を旅している。アフリカ大陸からアメリカ大陸（ラテンアメリカも含む?）カリブ海域、ヨーロッパ、そして日本。世界中に広がりうごき続ける「アフリカ」のいまをうつしだす。（略）かれらの精神文化、世界観は奪えない」[12]。

　世界中に広がり動き続ける「アフリカ」はたんに地域ではない。人が生きる場であり、その世界性が島と島、人と人をつなぐかのように響きあっている。非ヨーロッパ世界とは植民地主義に対する生活、必需の自由、平等・平和を求めるプロジェクトであり、ポストコロニアルな世界をめぐる思索の方法である。
　前述のH・ブルの『国際社会論』によれば、国際システムでは、主権国家が、一定の共通利益と共通の価値を自覚した集団として成立し、国際制度により一定の秩序が保たれるという。すなわち、主権国家群が基本的かつ普遍的な価値を共有した場合に国際秩序が保たれる。しかし、主権国家の間で普遍的な価値の共有についての議論は現時点では深まらない。少なくとも、西洋キリスト教世界のような普遍的な国際レジーム（体系）の到来は期待すべくもなく、人々が「地球共生」へと視点を移し替える時代を迎えている。「共生」の理念は、他者に対する尊厳の感性にとどまらず、批判的かつ能動的な構想力をもとにした自然や命に対する感性が不可欠である。能動的な共生の感性は、西欧主導で定式化した普遍的かつ個人的な人権概念と一体化しドグマ化した現代の平和主義とも一線を画す発想である。地球化と反地球化の相剋が常態化した世界では、平和というひとつの幻想を創造している側面は否めない。21世紀の地球を眺望

すれば、西欧中心の平和主義の発想だけで、暴力による被抑圧者の抵抗を否定できるほど安穏とした世界ではなく、文明的な危機がより複雑なかたちで顕在化していることは上述の通りである。しかしながら、既存の西欧型ともいえる主権国家を前提にした政治学、国際政治学の諸理論は、21世紀の複雑な事象を理論化の射程の外に放置したままにし、論じるまでもない国際秩序を再現しているにすぎない。

　平和を戦争（紛争）のない状態として単純化し、軍事力を基本的な前提として安全保障をもって論じる。国連安全保障理事会の下で、パワー概念の謎解きゲームのような集団的安全保障体制がとられながら、他方では非軍事的分野では、2015年の国連サミットで採択された「持続可能な開発のための2030アジェンダ」にて記載された2030年までに持続可能でよりよい世界を目指す17の目標（SDGs）を掲げる。力の政治と理想主義という見事な対立する世界が混在し、平和を展望している。SDGsのスローガンは、地球上の「誰一人取り残さない（leave no one behind）」。安全保障概念で担保された世界平和の実態とは真逆である。

　米国の生態学者、G・ハーディン（Garrett Hardin）の「救命ボートの倫理」という思考実験が、安全保障と「誰ひとり取り残さない」というSDGsの矛盾した対抗関係を如実に物語っている。

（問）
　救命ボートが浮かんでいる。先進国という名のボート、乗組員がいっぱいで海に投げ出されたものが救助を叫ぶ途上国という名のボート。海に流された人間の数は、先進国ボートの定員の二倍。もし、あなたが先進国ボートの責任者であれば、おぼれかかった人々を救うべきか？　全員救うことができなくとも、一部の人だけも救うべきか？

（模範解答）
　合理性を追求し、損失を最小限に抑えて利得の極大化をめざす安全保障論の視点からの回答は、海に投げ出されている人間はすべて放置し見殺しにすることである。すべての人間を救おうと人道的に行動すれば、すでに乗船している大半の人間の生命が奪われ、ともすれば未来世代の破滅をも意味する。

　世界の現実は、米国、中国といった大国と、先進諸国によってパワーの詰将棋をしているような国際秩序の下で、「戦争がない」「誰一人と残さない」状態

の平和の幻想が構想されてきた。この冷淡な事実を、まさに「救命ボートの倫理」が語っている。地球化と反地球化が併進する21世紀の国際秩序に向き合うためには、こうした既存の発想の枠組みから距離を置き、西欧と非西欧という普遍性と個別性の双方を射程に入れて文明論的に理論を再構築し、人々が共生することの意味を再考する必要がある。

---

1 ‖ グローバリゼーション、グローバル化、地球化いずれも同じ意味の言葉。地球上のさまざまな集団がかかわりあうという意味では、15–16世紀の大航海、19世紀の産業革命が広がった世界など、現代に特有の現象ではない。21世紀の現在のグローバル化の特徴は、新しい情報通信技術のよって距離感が薄れ、国家中心の固定された世界の関係が激変していること。国家間の関係だけでなく、個人のアイデンティティや価値観にいたるまで、グローバル化は多様な現象を引き起こす。経済的な不平等の拡大や、新型コロナウィルス感染の国境を越えた拡大もその例。

2 ‖ 冷戦（Cold War 1945–1990）は、1946年に英国首相のチャーチルが米国とソ連が対立欧州の国際関係について、米国サウスカロライナ州のコロンビアで行った〈鉄のカーテン〉演説の語った次の演説が始まりといわれる。"— today we are in the midst of a cold war." 国際関係論の定義では、R・アロン（Raymond Aron）の「平和は不可能であるのに、戦争も起こりえない」状況を意味する。第二大戦後の40年以上にわたり、アメリカ中心の自由主義と、ソ連中心の社会主義がそれぞれの社会の在り方の優越さを競い対立し、戦争と平和が一体になった状態が続いた。この冷戦の終わりを象徴する事件が1989年11月の「ベルリンの壁」崩壊。

3 ‖ 新聞などでは、政治家が大衆におもねって発言したり、政策提言したりすることを意味して「大衆迎合主義」という訳語があてがわれたりする。学術的な定義では「人々の心に訴え（政治）エリートを糾弾する」ことを意味し、既成の特権階層への批判と庶民への阿諛（あゆ）が含まれる、したがって、政治の構図が究極的にが「人民」vs「腐敗したエリート」とう敵対する陣営に分かれる。移民排斥や経済格差への大衆の不満が既成政党に押し寄せてきた欧州が象徴的な事例。ただし、大衆側のイデオロギーは深見がなく薄弱な傾向を帯びている。カス・ミュデ他『ポピュリズム　デモクラシーの友と敵』白水社、2018年。

4 ‖ 朝日新聞2020年1月7日付朝刊、「宝島社」意見広告。

5 ‖ 同上広告より抜すい。

6 ‖ スーザン・ストレンジ『国家の退場』岩波書店、1998年（Strange, Suzan. *The Retreat of the State: The Diffusion of Power in the World Economy*, Cambridge University Press, 1996）

7 ‖ Bull, Hedlley *The Anarchical Society: A Study of Order in World Politics*, Columbia University Press 1977. 米国の主流派国際政治学では、世界政府が存在しない（世界警

察が不在である) アナーキーが理論の中心の概念となっている。ブルに代表される英国学派は、アナーキーではあるものの、「主権国家からなる社会、あるいは国際社会の主要な基本目標を維持する活動様式」としての国際秩序の存在を定義した。

8 ‖ リサ・クリスティン「現代奴隷の目撃写真」(Kristine, Lisa. *Bound to Freedom: Slavery to Liberation*, 2017)。アメリカ出身の写真家リサ・クリスティンは28年間にわたり、世界中の先住民を写真に収めてきた。バンクーバーの平和サミットで単独の展示会を開催し、同サミットでNGOのFree The Slavesという奴隷解放運動をする団体の支援者と出会い、世界中で現代も存在する奴隷について知ることになる。(https://www.ted.com/talks/lisa_kristine_photos_that_bear_witness_to_modern_slavery/transcript?language=ja)

9 ‖ 朝日新聞2012年1月31日夕刊3面。権威主義(独裁に近い概念)体制が続いた中東諸国で、2011年のエジプトを中心に市民が主体となって民主革命が勃発した。この民主革命の潮流を「アラブの春」という。このミニコラムでは、欧米中心主義に抵抗しアラブ諸国の革命と性格づけている。

10 ‖ 市民citizenは政治的に自由で自律した人格を意味する(日常語の「長崎市民」というときの市民とは違う。この場合は、長崎という行政区内の住民people)。ハーバーマスは、国家(政治)、経済社会(市場)と接合する市民社会を理想の社会として説いた。社会主義体制やかつてのナチズムによる支配は「市民生活のゼロ状態」を意味し、「生活世界の植民地化」という極限状態に位置づけた。ユルゲン・ハーバーマス『公共性の構造転換』未来社、1973年。

11 ‖ ヨーロッパ世界を中心とする歴史の矛盾と現在の葛藤を学ぶ「文化の政治学」では、植民地主義とその影響を論じた著作群が必読書となる。サィードのオリエンタリズムは非ヨーロッパ世界がどのように支配と研究の対象とされてきたのかのプロセスを明確に示している。エドワード・サイード『オリエンタリズム 下』今沢紀子訳、板垣雄三・杉田英明監修、平凡社、1993年 (Said, Edward. Orientalism. Pantheon Books, 1978)。

12 ‖ 中村和恵編『世界中のアフリカへ行こう』岩波書店、2009年(表紙)。

多文化主義とその論点

寺田 晋

Kuniyuki **Terada**

Chapter 6

Multiculturalism
and its Points of
Contention

Keyword:

多文化主義

選択の自由

リベラリズム

文化構造

個人の多文化主義

多文化教育

はじめに

　文化の多様性を公的制度に反映させる政策である多文化主義（multiculturalism）は、1971年にカナダで公式に採用され、1982年には憲法に明記されるまでになるとともに、オーストラリアやスウェーデンなど世界各国に広まっていった。しかし、2000年代後半以降、欧州評議会やユネスコといった国際機関が多文化主義に代わるアプローチとして、文化間の対話を重視する間文化主義（interculturalism）を採用したり、英独仏の首相が立て続けに「多文化主義の失敗」を宣言したりするなど、多文化主義は、現在では厳しい批判にさらされてもいる。そうした批判のなかには、耳を傾けるべきものもあれば、たんなる誤解からくる非難にすぎないものもあるし、なかには多文化主義を葬り去るために意図的に歪曲されたデマや根も葉もない言いがかりもある。ここでは、そうした熱を帯びがちな議論から距離を置いて、多文化主義とは何であり、多文化主義をめぐって何が問題になりうるのかを慎重に考えてみよう。そのために参考にするのは、多文化主義の理論家として知られるチャールズ・テイラーとウィル・キムリッカというふたりの哲学者の議論だ。以下では、多文化主義が唱えられるようになった背景からはじめて、ふたりが多文化主義をどのように擁護したのか、そしてふたりの主張をめぐってどのような議論が繰り広げられてきたのかをみていこう。そうすることで、多文化主義をめぐってほんとうに議論されるべき論点とはどのようなものなのかを考えることが、ここでの課題である。

1. テイラーの多文化主義論

　私たちは、望むと望まざるとにかかわらず、選択の自由という考えが生活の隅々まで浸透した社会のなかで生きている。私たちは仕事も、住む場所も、自分が正しいと信じる思想信条も、自由に選べることになっている。「あなたにとって良い選択は私が知っています」といった態度で他人の選択に介入することはパターナリズムとして批判され、退けられる。それだけではない。他人の選択を正当な理由なく阻むことは、たんに道徳的に非難されるというだけでなく、場合によっては法律にもとづいて処罰される。こうした一般にリベラリズムと呼ばれる社会の仕組みは、西洋における宗教をめぐる長い争いの結果、生きることの意味という決着のつかない問題の解決を個人に委ねることで生まれ

寺田 晋

てきた。ところで、この選択の自由という制度は、たんに選択への介入を排除するだけでは、うまくいかないように思われる。選択をするためにはそこから選ぶことのできる選択肢が必要だ。そして、それは、私たちが同じ価値観を共有する人々と知り合い、関係を結ぶことができ、自分たち自身がよいと思う生き方を実践し、記録し、伝える活発な活動があってはじめて入手可能になるように思われるのである。そのような価値の共有を支える強力な仕組みのひとつが自由な市場だ。商品というかたちで市場を流通する表現によって、私たちは多様な価値を知り、比べ、自らのものとすることが可能になる。だが、市場はあまりにも強力な仕組みであり、私たちの選択を可能にする反面、それを特定の方向へと向かわせてしまう。商品として市場にのりにくい価値の表現、受け継ぐ人が極端に少なく市場によって淘汰されかねない仕事、稼ぎに結びつかないために存続が困難になってしまいかねない生き方。目まぐるしくかわる音楽の流行のように、ただたんに人気のない価値観が廃れていくだけなのであれば、それでも構わないのかもしれない。だが、私たちはこのような選択の自由という仕組みが世界中に広がっていく近代化の過程において起きてきたことを知っている。非西洋社会が西洋社会の仕組みのなかに強制的に組み込まれていく過程において、排除され周縁化されてきた人々の関係やものの見方や感じ方は、西洋社会におけるそれらに比べてきわめて不利な競争を「自由な」市場のもとで強いられているように思われる。このように考えると、私たちがほんとうに選択の自由を享受していると言っていいのかどうかは、はなはだ疑問に思えてくるのである。

　多文化主義についての議論を「選択の自由」という話題からはじめるのは意外に思われるかもしれない。選択の自由というきわめて西洋的な概念は、西洋以外の文化に対する配慮も意味するはずの多文化主義という発想とは折り合いが悪いように思われるからだ。しかし、後に多文化主義の代表的論者とみなされるようになるテイラーが、1979年の「アトミズム」という論文のなかで議論していたのは、まさにこの選択の自由をめぐる問題だった。[1] 彼の主張をかいつまんでいうと、人は他から孤立した原子（アトム）のような存在ではなく、選択の自由を実現する能力をもつためには、社会のなかで生まれ育つ必要があるということだ。たとえば、私には3歳になる子どもがいるが、彼に食べたい夕食を尋ねても、いつも「パスタ、餃子、ソーセージ」という惨憺たる答えしかかえってこない。3歳児は限られた数の選択肢しか知らず、見知らぬ食事を食

べることを場合によっては拒否しさえするために、その選択肢の幅は少しずつしか広がっていかないのだ。もちろん、夕食の献立はたんなる嗜好の問題に過ぎない。しかし、同じことは人生の選択についてもいえる。選択の自由は、他者に対する共感や自分の知る世界の地平が非常に狭いためにひとつの生き方しか思い浮かばない人や、未知のものに対する恐怖のために慣れ親しんだひとつの生活形態に固着する人、よそ者に対する疑いと憎悪をもって育ったためにその人々の立場に立って考えることができない人には利用することができないのである。幸運に恵まれれば、私たちは人生のなかで長い時間をかけて少しずつ地平を押し広げ、自ら選択することができる存在になっていくかもしれない。こうした選択の自由を行使するために必要とされる能力は、ある種の条件のもとでのみ成長することができるというのがテイラーの主張だ。そのような条件としてテイラーが挙げるのは、博物館、交響楽団、大学、実験施設、政党、法廷、議会、新聞、出版社、テレビ局等々、社会のありとあらゆる制度や組織である。こうした個人の選択を可能にするもろもろの前提条件こそが、多文化主義が擁護すべき「文化」として後に捉え直されていくものなのである。

　多文化主義と聞くと、移民の子どもの文化に配慮した教育や異教徒の信仰に対する寛容、先住民族の文化の保存継承といったことを思い浮かべるかもしれない。そうしたイメージをもって読むと、テイラーの議論からはどこか場違いな印象を受けるだろう。西洋文化の象徴ともいうべき交響楽団がどうして多文化主義と結びつくというのだろうか。実際、ここで想定されていたのは——「選択の自由」というきわめて西洋近代的な概念が発端となっていたことから当然予想されるように——非西洋の文化や民族ではなかった。テイラーがこのような議論を展開していくときに考えていたのは、フランス語系カナダ人という民族的マイノリティの存在だったのである。「アトミズム」論文が書かれたのと同じ1979年に、テイラーは「なぜ民族は国家にならなければならないのか」という論文を書いている。[2] このなかでテイラーはケベックを具体的に念頭に置きつつ、言語共同体のナショナリズムの問題を検討している。選択の自由を可能にする条件としての文化の概念や文化の中心である言語の概念が本格的に登場するのはこの論文からだ。

　テイラーによれば、近代以前には、人間であるということは宇宙的秩序のなかで人間に割り当てられた地位を占めることを意味していた。しかし、近代に入ると、人間性は人間が自らのうちに見出す自然＝本性（nature）を指すように

なり、さらに、ロマン主義の時代には「私は何者なのか」というアイデンティティをめぐる問いが重要性をもつようになる。その結果、個人がその人なりの人間性を自らの内に見出すためには、「意味の地平」という広い意味での言語が必要であると考えられるようになり、言語共同体が最も重要なアイデンティティの柱と考えられるようになる。このロマン主義的アイデンティティの概念が生命、自由、財産などの権利を中心とする近代的権利の概念に加わることで、アイデンティティの条件に対する尊重という権利が生まれる。ナショナリストはこの新たな権利として言語共同体への所属を主張するのである。その際に鍵となるのが、表現（expression）、達成（realization）、承認（recognition）という三つの観念だ。これらの観念は、文化や言語が存続するために必要な条件とは何かという重要な問いと関連している。誤解をおそれずに、あえてわかりやすくいうと、ある言語を使おうとする人々が存在し続けるためには、言語を使う機会があるだけでなく（表現）、その言語を使って食っていくことができ（達成）、かつ、他の人々から対等な存在として認められる必要がある（承認）ということだ。

　もう少し詳しくみてみよう。私は私のアイデンティティの条件である意味の地平に共同体の言語を通じて触れる。それゆえ、共同体の言語が豊かで健康なものであり続けることは私にとって重要な関心事となる。ところで、言語がそのような状態を保つためには、それが芸術、公的制度、日常のやりとりなどを通じて持続的に再創造される必要がある。ここから、私たちは言語に表現の機会を与えられる権利をもつという主張が導き出される。さらに、言語が表現の力をもつのは人間の目的の全域に渡って、つまり、政治、経済、技術、教育等々の世界で用いられる場合である。そのためにはその言語を話す共同体がこれらの領域で独自のことを成し遂げる必要がある。これが達成の必要性である。なかでも重要なのは、政治的領域における達成、つまり、主権を獲得することである。民族が主権国家を形成することは、芸術、技術、経済等の領域における達成を支える必要不可欠な達成として正当化されることになる。ところで、達成は言語の表現力を維持するためだけに必要なのではない。技術や経済等の領域は今日の人々が価値を見出している領域なので、これらの分野で成果をもたない共同体は自らを卑下し、アイデンティティを傷つけることになる。これが最後の観念である承認と関係する。私たちは周囲の人々からありのままの姿で承認されなければ、アイデンティティを保持することが困難になる。このことは文化に対する自尊心の重要性を考えれば明らかである。自尊心は達成によっ

て得られるが、達成の価値は大部分、他者からの承認によって、政治的共同体の場合はその共同体が国際的にどのようにみられるかによって決まるというのである。

　おおよそこうした議論にもとづいて、テイラーはフランス語を優遇するケベックの言語法制やケベックの主権を認めるための連邦制への移行を正当化した。重要な点が三つある。ひとつは、人生の選択肢に意味を与えるものとして、言語の意義が強調されたことである。もうひとつは、ある言語が存続していくためには、社会のあらゆる領域においてその言語を用いることができなければならないということである。そして、最後に、そのように言語が社会のあらゆる領域で用いられることを保障するためには、独立に近い、高度な自治が必要になるということだ。これら三点は、次にみるキムリッカによって、より詳細なかたちで展開されていくことになる。

2. キムリッカの多文化主義論

　テイラーは、リベラリズムは選択の自由の前提条件の必要性をそもそも認識することができず自己撞着に陥ると考えたため、自己の形成における共同体の意義を強調するコミュニタリアニズムと呼ばれる立場に立った。これに対し、キムリッカはリベラリズムの枠内で多文化主義を擁護した。冒頭でみたように、現代の社会において主流となっているのはリベラリズムである。であるならば、多文化主義を擁護するためにはリベラリズムの立場からそれを正当化することが効果的だ。キムリッカのリベラルな多文化主義はこのような戦略的理由のもとに選ばれた立場である。

　キムリッカは、1989年の著作『自由・共同体・文化』において、テイラーの主張をなかば受け入れ、なかば批判しつつ、リベラリズムは自らが主張する選択の自由の前提条件として、多様な選択肢を理解可能にする文化構造（cultural structure）を必要とすると主張した。[3] この文化構造とはいったいどのようなものだろうか。

　キムリッカが参照したのは、ジョン・ロールズと並び称されるアメリカのリベラリズムを代表する憲法学者ロナルド・ドゥウォーキンの議論だ。「文化構造」という概念も、もともとは芸術や人文学への公費支出の是非を検討したドゥウォーキンの論文「リベラルな国家は芸術を支援できるか」に由来する。[4] その

要点を簡単にまとめてみよう。この論文で検討されたのは、芸術の価値は市場によって決められるべきであり、国家による芸術の支援は認められないのではないかという、きわめて現代的な問題だ。どの芸術が残るかは、結局のところは、人々の選択によって決められるべきであり、特定の芸術の存続を税金によって支援することは人びとに特定の価値を押し付けるパターナリズムになるのではないか。ドウォーキンは、この問題をあれこれと検討した挙げ句、最終的に文化構造という概念によって問題を解決しようとする。文化構造とは、特定の絵画やパフォーマンスなどの、私たちが価値を見出す個々の作品ではなく、そのような美的価値を可能にする構造的枠組みであり、その中心は共同体によって共有された言語であるという。ちょうど構造主義言語学の祖であるソシュールが個々の言語使用である「パロール」と言語の体系である「ラング」を区別したように、文化の個々の表現とその表現を可能にする体系を区別するのが文化構造の概念だと考えればわかりやすいかもしれない（もちろん、ドウォーキン自身はこのように説明していないが）。さて、ドウォーキンによれば、後の世代の人々はある特定の仕方である特定の構造的機会を失うかたちで衰退した言語をもつことは望まないはずだと言うことはほとんど意味をなさない。というのも、彼らはその後悔を表現する語彙をもたないので、後悔自体をもつことがないからだ。また、彼らは現在の私たちがもっているよりも豊かな可能性をもつ言語を望むはずだと言うことも同様に意味をなさない。というのも、どのような可能性になるのかわからないものを欲しがることはできないからだ。しかし、彼らの言語が私たちの言語が提供する可能性を欠くことになれば、彼らは貧しくなるだろうと言うことには意味があるという。こうした議論から、ドウォーキンは、私たちは自分たちが受け継いだ文化構造を少なくとも現在と同じ程度に豊かなまま残す義務があると主張し、文化構造を残す営みとして国家による芸術の支援を肯定するのである。ドウォーキンによれば、これはパターナリズムではない。文化構造の保護は選択を可能にするために行われるのであり、パターナリズムを嫌悪するのであれば、むしろ文化構造の保護を支持すべきだというのである。

　キムリッカはこの文化構造という概念を、リベラリズムの立場から文化の保護を正当化するための突破口とした。リベラルは、自らの生き方を目の前に提示される選択肢のなかから自由に選択できるべきだと主張する。しかし、選択肢の幅は選べない。私たちは与えられた選択の文脈のなかから選択するのであ

り、この文脈をなすのが文化構造なのである。人生のある活動が私たちにとっ
て意味をもつかどうかは、私たちの言語がその活動のポイントを鮮明にするか
どうかに、またその仕方にかかっている。私たちの言語は、私たちが利用可能
な選択肢とその意義について意識する際の媒体となるのであり、私たちが人生
の送り方について知性的な判断をする際の前提条件となる。こうした議論から、
キムリッカはリベラルであるならば文化構造の運命に配慮すべきだと主張する。
豊かで安定的な文化構造を通じてでしか、人々は自分たちに利用可能な選択肢
に鮮明なかたちで気づき、それらの価値を精査することができないというので
ある。

　さらに、ドウォーキンが個々の芸術作品と美的価値を可能にする構造的枠組
みとを区別したように、キムリッカは性格（character）としての文化と文化構造
とを区別する。この区別は、多文化主義が保護すべき文化の側面とそうではな
い文化の側面とを区別する重要な概念だ。性格としての文化とは、要するに、
特定の伝統に文化の本質を見出す文化観である。この本質主義的な見方では、
人の性格が変化すればもはや同じ人とはみなされなくなるのと同じように、特
定の伝統を形成する規範や価値や制度が変化してしまえば、その文化は喪失し
たとみなされる。これに対し、文化構造という見方では、その文化の成員が特
定の伝統に意義を見出さなくなり、文化の性格を修正したとしても、文化自体
は存続し続けると考えられる。キムリッカが保護を主張するのは、このような
意味での、性格としての文化から区別される文化構造である。

　ところで、人々は自分たちの人生の選択肢を理解するために文化構造を必要
とするのだとしても、それは特定の文化でなければならないのだろうか。豊か
な文化構造であれば、どの文化構造であっても選択は可能になるのではないだ
ろうか。こうした疑問に対し、キムリッカは、人々は重要なかたちで自分自身
の文化共同体と結びついていると主張する。他の言語と文化を学ぶ機会を与え
ても、人々をある文化から別の文化へと移植するようなことはできない（同化
主義の失敗の歴史がそれを物語っている）。人の生い立ちを消し去ってしまうことは
できない。それはその人の構成的部分であり、そうであり続ける。文化構造へ
の所属の感覚は、感情的安心と人としての強さの源でもある。そうであるから
こそ、人種差別的体制は、抑圧対象の人々の人としての効力感を掘り崩すために、
彼らの文化を破壊し、貶めようとする。こうした戦略が効果をもつのは、人の
行為者としての感覚がその人の文化的遺産と結びついているからであり、この

ことは人々と自分たち自身の文化とのつながりの重要性を逆説的に物語っているのである。

キムリッカはのちに、文化構造という名称が与える抽象的なイメージを嫌って、これを社会構成文化（societal culture）と呼び直している。しかし、社会構成文化も選択を可能にする文脈と規定されていることに変わりはない。社会構成文化とは、社会生活、教育生活、宗教生活、余暇生活、経済生活を含む、公的領域と私的領域の双方を包含する人間の活動のすべての範囲にわたって、諸々の有意味な生活様式をその成員に提供する文化を指し、そのような文化は、一定の領土に集中し、共通の言語にもとづく傾向があるとされる。こうした社会構成文化の記述は、言語の存続のためには社会のあらゆる領域においてその言語を用いることができなければならないと考えたテイラーの主張と相通じるところがある。フランス語系カナダ人という少数民族を念頭に置いていたテイラーに対し、キムリッカはカナダの先住民族を想定して議論を展開していたという違いはあるが、キムリッカもまた保護すべき文化は社会のあらゆる領域をカバーする包括的な文化でなければならないと考えていたのである。

3. 多文化主義の論点

ここまではテイラーとキムリッカがどのように多文化主義を擁護したのかをみてきた。このなかには、いくつかの突き詰めて考えるべき論点が含まれている。抽象的なものから具体的なものへと、順に並べてみよう。

第一に、テイラーのようにコミュニタリアニズムの立場に立つならば問題にはならないのかもしれないが、キムリッカのようにリベラリズムの立場から多文化主義を擁護するのであれば、文化構造の概念は決定的に重要になるはずだ。しかし、個々の選択肢と選択肢に意味を与える文化構造なるものを区別することは、ほんとうに可能だろうか。

第二に、仮に文化構造なるものの存在を説得的に論証することができたとしても、ドウォーキンによれば、私たちがもつのは文化構造を少なくとも現在と同じ程度に豊かなまま残す義務だった。しかし、それでは、文化構造が深刻なかたちで損なわれてしまっている場合はどうすればよいのだろうか。私たちにはそれを復興する義務はないのだろうか。このことは本来であれば多文化主義的権利の享有主体となるはずのマイノリティ集団の置かれている実際の状況を

考えれば、非常に大きな問題となる。

　第三に、第二の論点は、ある人とその人の必要とする文化構造との間には特別な関係があるということがいえるのであれば、解決されるかもしれない。ある文化が他では代えられない特別なものならば、それを復興することは肯定されるかもしれないからだ。しかし、人が必要とする文化構造は、ほんとうにその人が特別なつながりをもつ特定の文化でなければいけないのだろうか。人は自分自身の文化ではなく、他の文化を通じて人生の選択をすることもできるのではないだろうか。

　第四の論点は、集団と個人の衝突という問題である。多文化主義は集団が文化を保持する権利を保障する。しかし、当の集団内において弱い立場に置かれやすい女性や子どもの利益が守られない場合はどうすべきだろうか。多文化主義政策は個人の権利を侵害するような文化まで守らなければならないのだろうか。これは多文化主義をめぐって、おそらく最も議論されてきた論点である。

　最後に、テイラーもキムリッカも、文化の尊重は狭義の文化についてだけでなく、広く社会全体において、経済や政治の領域においても図られなければならないと考えていた。しかし、現実には、そのような包括的な政策はめったに実現しておらず、たいていの場合は狭い文化の領域に限った保護のみが行われている。しかし、文化を保護するだけで経済や政治の仕組みを変えないのであれば、マジョリティ社会のなかで生きざるを得ないマイノリティは、結局のところ、不利な立場に置かれ続けるのではないか。この問題が最もはっきりとした矛盾となってあらわれるのは、多文化教育の現場である。

　それぞれの論点について、もう少し詳しくみていこう。まずは第一の論点から。そもそも私たちは、個々の選択肢とは区別される、個々の選択肢を理解可能にする枠組みなるものを考えることができるだろうか。コスモポリタニズムの立場から多文化主義を批判する法哲学者のジェレミー・ウォルドロンはこの問題を指摘した。[5] 個々の選択肢が意味をもっていなければならないということが言えたとしても、それぞれの選択肢に意味を与えるひとつの枠組みが存在するとは言えないというのである。ウォルドロンは、キムリッカと同様の議論を展開しているアラスデア・マッキンタイアのある文章のなかに、一世紀のパレスチナ、ドイツの民話、ローマの神話など、さまざまな文化的源に由来する物語の登場人物が言及されていることを指摘し、子どもたちが物語を通じて学ぶ生き方は、実際には、さまざまな文化的源からやってくると主張する。結局

のところ、すべての文化は多様な文化的源からくる要素が混ざり合った雑種的存在であり、ひとつの文化を他の文化から区別することはできないというのである。こうした批判に対し、キムリッカは私たちがそうした多様な文化的源への言及を理解することができるのは、それが私たちの理解できる言語に翻訳されているからだと反論し、この言語こそが文化的枠組みなのだと主張している。

　第二の論点に移ろう。テイラーにしろ、キムリッカにしろ、文化は社会のすべての領域をカバーする包括的なものとして捉えられている。こうした文化の定義は、ある一定の領域の内部で、ある程度自分たちの社会を維持してきた少数民族や先住民族にはあてはまるかもしれない。すなわち、周囲のマジョリティ文化によって言語や制度や習慣の維持が脅かされているとはいえ、非常に幸運なことに、ある程度の独立を保つことができてきた社会にはうまくあてはまるかもしれない。だが、この定義は、多文化主義が本来擁護すべき集団を包含するには、あまりにも狭すぎるように思われる。多文化主義政策を主張する文化集団は、マジョリティ社会のなかに制度的に組み込まれ、その言語も消滅の危機にさらされているものが多いだろう。文化構造という概念に依拠するキムリッカの議論では、こうしたマイノリティ集団の文化の復興を公的に支援することは、おそらく正当化できない。というのも、私たちには文化構造を少なくとも現在と同じ程度に豊かなまま残す義務があるにすぎないからだ。しかし、消滅の危機にある言語の話者を回復することは可能であり、先住民族の文化は、実際さまざまなかたちで復興されてきた。キムリッカの理論は、こうした現実の取り組みを公的に支援する理論としては不十分に思われるのである。

　第三の論点は、第二の論点とかかわる。ある人が必要とする文化構造はその人が特別なつながりをもつ文化でなければならないと主張することができれば、文化の復興を公的に支援することも正当化できるように思われる。しかし、そのような主張をすることは可能だろうか。この点について、たしかに、キムリッカは、人の生い立ちはたんに消し去ってしまえるものではないとして、特別なつながりの意義を強調している。実際、私たちが自分たちの言語や文化を習得するのは両親などの「意味ある他者」を通じてであり、そうしたことや祖先から語り継がれる記憶が特定の文化への愛着を生むとは考えられる。しかし、キムリッカの提示する論拠はそれほど強いものではなく、本人もそのことを認めている。そして、キムリッカ本人は『自由・共同体・文化』以降、議論の戦略を変えることで、こうした論点をさらに追究することはなくなってしまっ

た。主著である『多文化時代の市民権』に収められた一連の論文のなかで、キムリッカは、現実の国家が特定の言語を公用語として採用することで文化に対する中立性を破っていることを指摘し、マジョリティ文化以外の文化を配慮しない理由を提示する責任があるのは国家の方であると、議論の前提をひっくり返してしまうのである。[6] これは強力な主張ではあるが、文化を尊重することの積極的理由を提示するという試みが放棄されてしまったという意味では、やや残念な展開であった。なお、カナダ出身の政治哲学者アラン・パッテンによる 2014 年の著作 *Equal Recognition*（『平等な承認』）——キムリッカ以降、最も重要な多文化主義論とも評されている——は、文化を「共通の社会的系譜（common social lineage）」の「沈殿物（precipitate）」と捉える見方を提示している。この文化の定義は、本質主義に陥ることを慎重に避けつつ、個々人にはそれぞれの社会化の過程において特別な役割を果たす文化があるということを述べようとしている。こうした説明が成功しているかどうかは今後検討されるべき課題だ。

4. 多文化主義の現実

　ここからはより具体的な論点に移る。第四の論点は、マイノリティ集団の文化の保存という多文化主義政策の目標と個人の利益が衝突する場合に、どうすればよいのかという問題だ。たとえば、ケベックの場合、フランス語を保存するという集団的目標と、子どもを英語学校に通わせたいと願うフランス語系カナダ人や移民の親との対立が問題となった。テイラーの広く読まれた論文「承認をめぐる政治」は、この問題を議論している。[7] このなかで、テイラーは、フランス語の保存を目的としたケベック州の言語法制を念頭に、特別に保護されるべき基本的権利と、重要だが公共政策を理由として拒否したり制限したりすることが可能な特権とを区別することができれば、個人の基本的権利を保護しつつ集合的目標を追求することも可能だと主張している。

　だが、集団的目標を掲げる集団が個人の権利を尊重しない文化をもっている場合はどうだろうか。フェミニストの政治哲学者スーザン・モラー・オーキンの論文「多文化主義は女性にとって悪いものか」は、タイトルが示すように、多文化主義と女性の権利が衝突する可能性を指摘した重要な論考である。[8] オーキンのこの論文以降、フェミニズムの立場からの問題提議により、女性器切除、一夫多妻制、児童結婚や強制結婚、レイプ被害者にレイプ犯と結婚する

よう強いる慣習や、レイプ被害を訴えた女性を殺害する行為といった性差別的な文化の問題が盛んに議論されてきた。

　キムリッカは、上でみたように、文化構造と性格としての文化を区別し、選択を可能にする文化構造の保存は主張するが、特定の選択肢の保存は主張しないという立場をとった。この区別は、性差別的な文化を変更されても構わない性格としての文化とみなすことを可能にする。さらに、キムリッカは集団と個人が対立する難しいケースにおいて判断するための基準として、対外的防御と対内的制約を区別した。対外的防御は、集団外部の決定から集団の安定を保護することを目的とするのに対し、対内的制約は集団内部の異論──たとえば、伝統や慣習に従わないという個々の成員の決断──がもたらす衝撃から集団の安定を保護することを目的とする。キムリッカは、ある種の外的防御は積極的に認められなければならないが、内的制約は認められるべきではなく、マジョリティ集団の文化に溶け込むことを求める個人に対しては、マイノリティ集団の文化から離脱する権利が認められるべきだと主張した。しかし、この解決策の問題点は、法学者のアヤレット・シャハールが的確に指摘している。[9] この解決策では、集団内で権利を侵害された弱者が、さらに離脱というコストを払わなければならない。この解決策では対内的制約に縛られないまま集団内で生活するという選択肢は保障されないのである。

　シティズンシップ研究で知られるドイツ出身の政治社会学者のクリスチャン・ヨプケは、キムリッカとは別のアプローチで集団と個人の対立の問題を解消しようとしている。2017 年の著作 *Is Multiculturalism Dead*（『多文化主義は死んだのか？』）において、ヨプケは自らの立場を「個人の多文化主義」という一種の撞着語法のような表現で言い表している。これは、裁判を通じてマイノリティ集団に属する個人の権利を憲法で認められた権利として保障していくというアプローチである。テイラーやキムリッカといったカナダの多文化主義の理論家はマイノリティ集団の集団的権利を保障することにこだわってきたが、ことヨーロッパに関していえば、個人の権利を手厚く保障するリベラルな立憲主義によって、実質的には同じことが達成できるというのである。民主的過程では意見が反映されにくいマイノリティの権利の保障には裁判が適していること、宗教上の多様性が信教の自由という個人の権利として保障されてきたこと、現在のヨーロッパの移民のなかでも大きな比重を占めるのはイスラム教徒であり、その権利はこうした信教の自由という古典的なリベラリズムの枠組みにおいて

保障可能であるということがヨプケの発想の背景にある。

　たしかに、個人の多文化主義論は対象を集団ではなく個人に限定するため、上でみたような集団と個人の対立という問題とは無縁であるという利点がある。しかし、このアプローチは従来の多文化主義の問題を克服する代案として肯定的に評価されるべきだろうか。

　実は、テイラーもキムリッカも、すでにそれぞれの議論のなかで裁判を通じた個人の権利保障という解決策の可能性を検討していた。テイラーの評価は否定的である。上述の論文「承認をめぐる政治」において、テイラーは特別に保護されるべき基本的権利の存在を認めているが、その権利はリベラリズムの伝統のはじめから認められてきた権利に限られると述べている。かつてドゥオーキンは「切り札（trump）として権利」という卓抜な比喩を用いたが、まさに切り札として権利が用いられることで、基本的権利のリストが果てしなく拡張されることを警戒しているのである。このような権利の優位という発想に対するテイラーの否定的な評価は、彼のアトミズム批判と通底している。個人の権利が優位に置かれることで、集団の存続が危うくされることを懸念しているのである。

　一方、キムリッカは、裁判による解決に対し、もう少しニュアンスのある評価を与えている。上述したように、対外的防御と対内的制約を区別したキムリッカは、対内的制約に対する国家の介入は認めており、また、その解決策として裁判が用いられることは認めている。しかし、先住民族をめぐる問題の解決策としては、裁判による解決に慎重な姿勢を見せている。というのも、マジョリティが多数派を占める法廷で、ほんとうにマイノリティの権利が保障されるといえるのかどうかが疑わしいからである。先住民族自身の法廷が、あるいは、先住民族と政府がその判決に服する国際的法廷が判断を下すべきなのであり、そうした制度がなければマジョリティ社会の判断の不当な押し付けが生じてしまいかねないというのである。ここには、先住民族自身が制定する人権憲章とその解釈権限を有する裁判所の設置という制度的対案が含まれている。キムリッカ以後の研究のなかでは、シャハールが、このような多文化主義的な司法制度という問題を検討している。

　結局のところ、集団と個人の対立という問題にうまい解決策があるのかどうかは明らかでない。しかし、上でみた司法制度をめぐるキムリッカの主張は、最後の論点ともかかわってくる。多文化主義政策は、民族料理や民族音楽や民

族衣装といった狭い意味での文化の保護にとどまるのであれば、それが目的としていた選択の自由の保障という当初の目的を達成できないように思われる。というのも、たとえ、マイノリティ言語の使用が奨励されたとしても、経済や政治の領域でもその言語を使って生きていくことができないのであれば、結局のところ、マイノリティはマジョリティ社会のなかで生きていくことを選択せざるを得なくなるからだ。そのためには、教育や職業の面でマジョリティと競うだけでなく、政治の面でもマジョリティに対して自分たちの意見を通していくことができるようになれなければならない。しかし、マイノリティの文化の保護は、このような競争や政治参加の手段を獲得することと矛盾するように思われるのである。

　多文化教育は、生徒自身の文化の尊重とマジョリティ社会での達成という対立する二つの目的の間で揺れ動いてきた。たとえば、自らが黒人であるアメリカの教育学者リサ・デルピットは、当時、白人の教師の間では進歩的と信じられていた「プロセス」を重視する作文指導が、黒人の生徒のニーズに応えていないことを指摘して、大きな論争を引き起こした。作文のプロセスを重視し、具体的な「スキル」を重視しない作文指導は、標準英語を家庭で身につけている白人生徒に有利に働くというのである。それに対し、デルピットは、黒人英語を尊重しつつも、黒人生徒には家庭で習得することのない「権力の言語と文化」（a language and culture of power）を教えることが重要だと主張した。これはマジョリティ社会での達成という目的を否が応でも重視せざるを得ないゆえの主張である。こうした文化の尊重か教育達成かというジレンマは、社会全体の変革がなければ解決できない困難な問題であり、その議論は現在まで続いている。最近では、政治哲学者のメイラ・レヴィンソンやジェニファー・モートンが「コード・スイッチング」の教育を提唱している。多言語話者が言語を即座に切り替えるように、文化を切り替えることで自分の思うようにその場をコントロールする技術がコード・スイッチングだ。文化の尊重という多文化主義の本来の理念からは逸脱する危険性があるこうした提唱がなされる背景には、生徒の文化の尊重と教育達成との両立という困難な課題があるのである。[10]

おわりに

　以上の論点について、ここではあえて「正解」を提示しない。それぞれが自分なりの考えを深めるきっかけになれば幸いである。ただし、思索を深めるう

えで重要なことを最後に三つだけ付け加えておきたい。冒頭で述べたように、多文化主義をめぐる議論は熱くなりがちである。不毛な議論を避けるためには、具体的な状況における具体的な問題を考えることがおすすめである。極端なケースを一般化して論じるよりも、多くの場合に当てはまるケースについて論じた方が有益である。極端なケースはまだ現実の事例だからよいが、架空の設定で生じるかもしれない架空の問題をめぐる議論に付き合う必要はない。もうひとつは、理想的状況を想定し、あるべき多文化主義のあり方を思い描く「理想理論」も重要だが、こと多文化主義のように理想と現実とが乖離している問題に関しては、非理想的状況において理想的状況をもたらすためには何が必要なのかを教える「非理想理論」も重要だということだ。本来どうあるべきかを考えつつ、いまどうすべきなのかを考えることが肝要だ。最後に、以上でみた多文化主義をめぐる議論は、選択の自由というそれ自体が西洋的な文化を背負った概念を軸に組み立てられていた。しかし、多文化を包摂するのであれば、別の道具立てが必要なのではないか。そのような問いから思索を深めていってもよいだろう。

---

1 Taylor, Charles. 1979 (=1985). "Atomism" in Philosophy and the Human Sciences: Philosophical Papers 2, Cambridge: Cambridge University Press: 187–210. チャールズ・テイラー（Charles Taylor, 1931–）はカナダの政治哲学者。とくにヘーゲル研究で知られ、独自の近代批判を展開してきた。著作に『自我の源泉』『「ほんもの」という倫理』『世俗の時代』などがある。

2 Taylor, Charles. 1979 (=1993). "Why Do Nations Have to Become States?" in Reconciling the Solitudes: Essays on Canadian Federalism and Nationalism, Montreal, McGill-Queen's University Press: 40–58.

3 Kymlicka, Will. 1989. Liberalism, Community, and Culture, Oxford: Oxford University Press. ウィル・キムリッカ（Will Kymlicka, 1962–）は、多文化的シティズンシップや動物の権利論で知られるカナダ出身の政治哲学者。各国の多文化主義政策を比較する多文化主義政策指数（Multiculturalism Policy Index）の開発を行っていることでも知られている。著作に『現代政治理論』『多文化時代の市民権』『人と動物の政治共同体』などがある。

4 Dworkin, Ronald. 1985. "Can a liberal state support art?" in A Matter of Principle, Cambridge: Harvard University Press, 221–233. ロナルド・ドウォーキン（Ronald

Dworkin, 1931–2013）は、アメリカの法哲学者。「原理としての法」という立場からの法実証主義批判、困難な事案でも判決としては正解が存在するという「正解説」、厚生の平等に対する「資源の平等」など、さまざまな独創的アイディアで知られる。著作に『権利を真剣に考える』『法の帝国』『原理の問題』など。

5 ┃ Waldron, Jeremy. 1992. "Minority Cultures and the Cosmopolitan Alternative", University of Michigan Journal of Law Reform, Vol. 25: 751–793.

6 ┃ Kymlicka, Will. 1995 (=1998). Multicultural Citizenship, Oxford: Oxford University Press.

7 ┃ Taylor, Charles. 1992 (=1994). "The Politics of Recognition" in Amy Gutmann ed. Multiculturalism, Princeton: Princeton University Press: 25–73.

8 ┃ Okin, Susan Moller. 1997 (= 1999). "Is Multiculturalism Bad for Women?" in Joshua Cohen et al. eds, Is Multiculturalism Bad for Women?, Princeton: Princeton University Press: 7–24.

9 ┃ Shachar, Ayelet. 2001. Multicultural Jurisdictions, Cambridge: Cambridge University Press.

10 ┃ Delpit, Lisa. 1995. Other People's Children: Cultural Conflict in the Classroom, New York: The New Press; Meira Levinson. 2012. No Citizen Left Behind. Cambridge: Harvard University Press; Jennifer M. Morton. 2014. "Cultural Code-Switching: Straddling the Achievement Gap", The Journal of Political Philosophy, 22(3): 259–281.

第7章

植民地統治性の歴史分析のために

森 啓輔

Keisuke **Mori**

Chapter 7

Keyword:

統治性

植民地

歴史分析

フーコー

ポストコロニアリズム

A Framework for
the Analysis of
History of Colonial
Governmentality

はじめに

　本章は、人間社会における支配と統治の問題を考えるための理論的視座である統治性研究[1]を取り上げる。人間の歴史を「支配と統治をめぐる歴史」として定義づけると、そこでは様々な統治のための思考、技術、実践が多様な中心点をもちながら展開し、その結果として我々が生きる国家や社会は成立してきたと考えることができる。このような分析の視点を歴史分析として打ち出してきたのが、ミシェル・フーコーによる統治性論であり、統治性研究は国際的・学際的に展開している。

　そのなかでも本章で扱うのは、植民地を対象として考える植民地統治性（colonial governmentality）の研究だ。これはフーコーの統治をめぐる知と技術の歴史分析を、植民地統治の知と実践の分析として展開する研究潮流であり、主として2000年代以降に英語圏において人文社会科学を横断する形で展開している。本章では統治性研究がこれまで見落としていた点である、欧州で歴史的に展開してきた自由主義的かつ民主主義的な統治実践の視点では扱いきれない、歴史的に支配対象となってきた旧植民地などを対象とした統治性研究の理論的展望について検討する。

1. 政治過程論批判から統治性論へ

　現代の民主主義国家において、主権者は自らが自らを統治する主体である。これを実現する一つの装置として議会制民主主義がある。例えば、議会政治過程の最小論理は、以下のような循環構造として考えることができる。

　　選挙→代議員の選出→政策の実行→政策の市民権を付与された市民による
　　評価→選挙→…

　上のような議会政治の循環構造過程を分析基対象とし、その循環（のみ）に注目し、展開過程を様々な要因により考察するのが政治学における政治過程論である。議会制民主主義はそのように考えると、統治実践の一つではあるものの、それ以外の領域で広範に行われている統治実践や「政治」実践を看過してしまう。

　対して社会（科）学における社会運動論[2]では、この議会構造を担うエリートを中心として扱う枠組みに対して批判が投げかけられてきた。ティリー（Charles Tilly）の政体論やマッカダム（Doug McAdam）ら資源動員論は、フランス革命や公民権運動を求めるアフロ・アメリカンや黒人教会により展開された広範な大衆運動の政治動員過程を、(1) 議会政治のみならず、より広範なステークホルダーを考察対象とすること、(2) エリートのみならず、議会外の教会や市民団体をその射程に入れることで、運動過程が収束するまでの経年的なダイナミズムを分析してきた。これらは総じて、「広義の政治過程論」として定義付けられる。

　しかし統治実践は議会政治とその周辺でのみ起きているわけでもない。現代を生きる人々は議会民主主義制のみならず、異なる水準の統治実践の対象でもある。これら統治実践の一つとして規律訓練（discipline）の実践が挙げられる。規律訓練は、人間を労働に適した身体として作り上げるために学校や軍隊で教育させるように仕向けたり、統治にとって邪魔に見える人間を牢獄などの限定的空間に閉じ込めたりするような、身体に直接働きかける統治実践である。

　もう一つは、セキュリティ（security）の統治実践である。これは、規律訓練のように直接的に人間の身体に働きかけるものではなく、統計学により誕生する人間の群れである人口に間接的に働きかける。統治実践はこれにより、保険制度や開発、人口における疾病率などの全体性を理解し、これらの指標で見られるリスクに働きかける。国勢調査やアンケートによる集計が重要視されるのは、セキュリティの統治実践のために必要だからである。フーコー以降の統治性論は上記のように、広義の政治過程論よりも多様な要因から、政治過程（議会政治・社会運動）を含めた対象の成立を扱うものである。

　フーコーは、統治性の研究対象を限定する際に二つの条件を提示している。第1に、研究対象を「政治的主権の行使」にかかわる人間の統治が行われている状況だけに限定する。すなわち今日我々が近代国家として認知する諸制度の集合体に適用されると同時に、その諸制度の集合から構成されるものと理解される統治術の歴史的探査である。第2に、フーコーは統治それ自体ではなく、統治術ないしは統治実践に関心をもっていることだ。フーコーが描く統治の歴史は、国家を定義してきた連続的な制度、憲法、法律を中心的に探査することではなく、それぞれの異なる時代に、それぞれ特定の場所で、つねに特定の政治的問題とかかわりながら、どのようにそれぞれ特定の専門家、権威、批評家、反体制派が、いかに国家を統治するのかという問題を考察するようになったの

かという問いにより構成されている[3]。

　本章では特に、植民地統治性研究の社会科学的な展開の先導役である政治社会学者で移民研究者のウィリアム・ウォルターズ（William Walters）と人文地理学者で植民地研究者のスティーブン・レッグ（Stephen Legg）らによる植民地統治性論について以下検討していくなかで、日本語圏では議論が十分ではない植民地統治性研究の導入について検討するものである。

2. 統治性研究は何を対象とした研究として展開してきたか

2.1 フーコーと統治性の系譜学

　ミシェル・フーコーの統治性研究は、主権論における社会契約論や、（フランス）マルクス主義権力論の抑圧権力としての側面の批判から出発し、（フランスを中心とした）西洋先進国社会における自由主義的統治の歴史的実践の知とテクノロジーの分析を射程におく。既に知られているように、コレージュ・ド・フランス講義における統治性講義（1974–1979年にかけて行われた『社会は防衛しなければならない』『安全・領土・人口』『生政治の誕生』などの講義）は、生政治や生権力論、自己統治の歴史的存在論、さらには自己による自己の統治というトピックに沿って展開していった。

　統治性論への評価としては、一貫性がなくとりつくしまがないという批判や、翻ってフーコーによる柔軟な仮説設計を一貫性のある「理論」として普遍化する傾向もまた批判の遡上に晒されてきた。これらの学問的認識論をめぐる論争を含みながらもフーコー以後の統治性研究は、人文学・社会科学的な歴史研究や経験研究として国際的に展開していくことになる[4]。

　社会学分野では先進国を中心とした新たな統治の知識とテクノロジーを媒介した実践研究として展開していく。日本語圏ではとりわけ、先進工業国における統治実践の最前線（GPS、ポリシング、新自由主義化、労働する身体の規律化、ジェンダー化された身体の統治、国家論）を批判的に分析する研究として展開していく。社会学者の統治性分析の傾向としては、先進工業国内部の統治実践の知識とテクノロジー的変化を対象とする研究が多く、社会思想史研究者とのゆるやかな連動のもとで展開していると言える。

　政治学・国際関係論でも統治性研究が展開している。フーコーの統治性論は、

国際関係論においてはグローバル・ガヴァナンス論に対する批判的視座として活用されている。最新の研究では、フランスにおいて Foucault and International と題された論集が組まれ、フーコーと植民地との関係性についての論考も提出されている[5]。

3. 統治性研究の先進工業国中心的な傾向の批判から 植民地統治性研究へ

　統治性研究が統治が実践される文脈を大事にするからこそ、先進工業国を分析対象とする際のバイアスに、統治性研究は躓きがちである。ウォルターズは、欧州中心主義的で自由主義の系譜分析に傾倒してきた研究動向を批判的に乗り越える道を提唱している。特に自由主義的な統治性の議論は統治の説明を衛生的なものにしたり、またネットワーク理論やグローバル・ガバナンスの語りを模倣しはじめている。そのような言わば「統治の統治」へと向かうのではなく、「自由主義そのものをより複雑に理解」する方向や、生政治 (bio-politics) が死政治 (necro-politics) へと反転するような「政治的殺人の細目とも言いうるものを探究すること」、あるいは政府と暴力の調査などのような「公式ないし非公式な実践に繊細な方法論と統治性研究とを新しくつなぐこと」、ないしは「統治と失敗の関係」の分析の重要性をウォルターズは指摘している[6]。

　筆者は冒頭で、統治性研究は広義の政体論や政治過程論とはことなるアプローチであると述べたが、統治性研究は他方で「政党政治を無視すべきでないことを認識する必要」もあるとウォルターズは述べる。なぜなら「政党政治は統治のプログラム、戦略、テクノロジーの開発・発展や人口の調整と深い相互関係を結んでいるから」である。

　統治性研究はともすれば統治実践の知とテクノロジーをめぐる、統治側のみに注目した研究に終始してしまう可能性がある。しかし実際の統治実践の多くは、実践の最中に統治される者たちからの抵抗を受け、計画の再考を余儀なくされ、同意の戦略を練り、計画の完了を待たずに年度計画に引きずられながら成功の宣言を形式的に行わざるを得ないものである。この事実上の統治の失敗は、世論の無関心やマス・コミュニケーションにより和らげられたとしても、部分的にしか隠蔽できないこともある。そのような錯綜的過程として政党政治過程を分析する可能性が残されているのだ。

4. 植民地統治性を介した歴史と現在の研究へ

　ウォルターズは、フーコーの西洋における統治の系譜学を批判的に拡張することを試みる。政治学者のミッチェル（Timothy Mitchell）や人文地理学者のレッグ（Stephen Legg）も同様に、フーコーにより西洋近代の歴史経験内部において発見されたものは、植民地主義において起源があるという批判を加えてきた。

　ところで系譜学は、唯名論的な立場から展開される。系譜学の立場からの歴史分析においては、

　　歴史から離れて文化についてのある種の永続的な定義、あるいは普遍的定義を求める欲求は退けられる。文化、あるいは「人間性」のようなものの一般命題の公式化を探究するのではなく、文化があれやこれやの統治活動において問題となるときの固有の契機、問題、状況に注目する。あるいは、文化が人の振る舞いに作用したり、ある問題を方向づけたりするための仕組みとして特別視されるとき、その事例に注目するのだ。このことは、文化の問いに関して普遍主義的というよりも唯名論的な立場をとることになるだろう。（Walters 2016=2012: 125）

　唯名論的な立場とはつまり、対象から普遍的な法則性を導くような演繹的な立場ではなく、分析対象を歴史化する帰納的立場であり、コンテクストを重視する分析指針である。予め分析の大枠の指針は保持しつつも、同時に対象を決定する諸要因（説明変数）を柔軟に変更することで、対象の持つ新たな側面を捨象する危険性を回避することができる。また時間的空間的一貫性よりも、その断続性に注目する系譜学的な方法論を擁護する立場でもある。以下でまずウォルターズによる系譜学の理念型の議論を検討していこう。その後サバルタン・スタディーズ・グループ（Subaltern Studies Group）やポストコロニアリズム研究と植民地統治性研究の関係性について見ていこう。

5. ウォルターズによる統治性の系譜学の3類型

　ウォルターズは統治性研究を検討しながら、統治性の系譜学を記述のための3つの戦略的理念型として提示している。

　一つめは、「系統図」の作成である。つまり、「現在重要で価値をもつとされているなにかが、その現在の形へといたった経緯をたどるという作業」が、研究の目的となる。

　二つめは「対抗的記憶と再系列化」である。歴史はしばしば強者によって作られてきたことを、その歴史の形成を辿ることで相対化する試みである。

　三つめは「忘れられた闘争と従属化された知の再奪取」としての系譜学である。つまり、忘れられたり消去されたりした闘争を取り戻し、「従属化された知」を利用する方法論的実践に重点を置くものである。フーコー自身も系譜学Ⅲについてはあまり探究していない。

　社会運動論的に考えれば、狭義の政治過程論ではない社会運動の政治過程も含み込んだ社会学的政治過程論と統治性研究は接合可能である。あるいは、社会運動が挑戦する敵手（規範や大企業などの制度や規律）の持つ構造的強度や、運動が自身の目標を達成するための制度的可能性と困難を分析する政治的機会構造（political opportunities）の歴史的形成に接合可能であろう。あるいは、社会運動や集合行動内部で忘れ去られてきた過去の闘争についても反省的・批判的に問うことができる［図1］[7]。

カテゴリー	分析対象・説明変数（対象の説明に動員されるもの）	被説明変数（明らかにされる対象）	方法論
政治学の政治過程論	議会制の決定に影響を与える制度内的諸要素	政治的達成	演繹的
社会学の政治過程論	議会外部も含めた政治過程における諸要素	政治的達成	演繹的／帰納的
系譜学Ⅰ：権力の系統図	統治の組織的知とテクノロジーの言説	現在における自明な政治的カテゴリーの歴史的形成	帰納的
系譜学Ⅱ：対抗的記憶と再系列化	記憶の集合的組成を組織する諸事物の歴史	言説と記憶の歴史性	帰納的
系譜学Ⅲ：忘れられた闘争と従属化された知の再奪取	特定の実践の誕生をめぐる条件や戦略的目的と、その現在の効果と意味とのあいだのギャップの抗争	忘れ去られたり、消去されたりした（政治）闘争	帰納的

＊ Walters（2012=2016）を基に、筆者が追記して作成。

［図1］政治過程論・資源動員論・系譜学の対象と方法論的差異

6. 植民地統治性と地理学的想像力

6.1 植民地をめぐる知ーテクノロジーの歴史分析へ

　西欧の先進工業国を対象とした統治性研究は、（旧）植民地統治の実践への考察は十分ではないという批判から生まれた植民地統治性論の研究群を見てみよう。レッグは植民下のデリーの都市計画論を対象としながら、都市を統治する実践を人文地理学の立場から明らかにしている。レッグはポストコロニアリズム[8]とフーコー主義の関係性について再考するなかで、これらを植民地統治性研究として再構成する。以下レッグの議論を参照しながら、非西洋地域での統治性研究を見ていこう。

　アン・ストーラーはフーコーの『性の歴史』を批判的に適用しながら、人種およびセクシュアリティの帝国的概念が、被植民者を媒介しながらヨーロッパのブルジョワジーを構成してきたことを検証している。統治実践により規定された人種的差異は、植民者であるヨーロッパ人と現地民のセックスを厳密に取締りはじめ、その統治効果として人種言説が登場していく。これは遠回りな実践ではあれど、迂回的帝国のルート（circuitous imperial route）として確実に現地民と植民者の間の肉体的差異をつくり出していく。接触をめぐる人種的統治実践は「疑似科学的血の象徴と文化汚染理論の結合」が達成するのであり、人種的差異が本質的な属性として強固に形成されていく。他方、フーコーの『監獄の誕生』の方法論と枠組みを、エドワード・サイードは『文化と帝国主義』の執筆へと活用し、フーコーの反人間主義を批判しながら自身の人間主義を強調していく。

　ポストコロニアリズムの潮流として忘れてはならないのが、1980年代中葉以降に展開した、サバルタン・スタディーズ・グループによるインド民衆を対象としたフーコー主義的言説分析の適用である。そのなかでも影響力を持ったのが、ガヤトリ・C・スピヴァクの哲学者ジャック・デリダ読解におけるフーコーについての言及であった。他方で、サバルタン・スタディーズ・グループの一員であったスミット・サルカールは、植民地の権力ー知研究の増加に伴い、もともとアントニオ・グラムシの概念である「サバルタン（下層民衆）」を中心に集まったサバルタン研究者の重視した非特権的グループの研究が減少傾向にあることを批判し、そこでなおざりになっていた社会経済分析への回帰を強調し

た。しかしながらその後サバルタン・スタディーズ・グループは、よりフーコー的な物質と生政治的なものの研究へと回帰していく[9]。これについては6.3で詳細に論じる。

6.2 生権力と空間

　人文学のポストコロニアリズム研究は、植民地を形成する植民者と被植民者の分割をめぐる知の歴史を中心に考察してきたと言えよう。他方で、そのような言説中心主義批判を通し、より具体的な知とテクノロジーの関係性に重きを置いた、ポストコロニアル歴史地理学による言説−物質的転回が現れる。これにより、より限定された空間において、どのような知とテクノロジーが具体的な植民地形成に寄与していくのかについての考察が展開されることになる。

　ジョナサン・クラッシュは、パノプティコン主義と南アフリカの鉱山区域における資本主義的鉱山の管理制度の分析を行っている。鉱山内部では、監視の技術が建物のデザインと統合されながら作動しており、同時にこれに対する抵抗の文化が生じている。労働者のリキュール生産のサボタージュ、超マッチョな労働者相互の振る舞いの形成、禁止薬物の密輸などが、監禁を伴う労働空間における抵抗実践として作動する。またジェームズ・ダンカンは、19世紀のイギリス植民地だったセイロン島のコーヒープランテーションにおける空間と身体の生産について、同様の視点からの考察を行っている。

　植民地統治の知とテクノロジーについての研究としては以下のようなものがある。マシュー・ハナは、1870年代のアメリカ政府が、先住民スー族（Sioux）に関する知識の総合的な獲得を推進するために、監視、裁判、法執行などを通して統治する方法について考察している。スー族を極地に固定集住させることで、アメリカ政府は監視のためのいわば実験室を形成し、これによりスー族に関する統治側自らの知識の乏しさを理解するのである。ハナはさらに、アメリカにおける福祉政策を策定するための住民評価（population assessment）の拡大を考察するなかで、いかにしてヨーロッパ宗主国が、宗主国内部で植民地化されるポストコロニアル州と統治技術を共有していたのかが明らかにされる。またコール・ハリスは、原住民が保護区に割り当てられる過程の文化的・規律訓練的・資本主義的権力の複合的な作用過程を分析している。ダニエル・クレイトンは、1770–1840年代のカナダのブリティッシュコロンビア州を対象としながら、先住民の西洋との出会いを通した文化的相互行為、表象のモード、ローカ

ル権力関係の過程を分析している。

　ストーラーの系譜であるセクシュアリティ研究では、マイク・ケスビーがジンバブエの農村における植民地当局と交渉可能な家父長的空間の肉体的区分について分析している。またフィリップ・ハウウェルは、植民地下香港における売春規制の研究において、ヨーロッパモデルの自己規律的主体は適用できず、むしろ人種的従属化と地理的分離が中心的統治性となることを考察している。このように、空間をめぐる具体的な植民地統治実践の先行研究が蓄積されている[10]。

6.3 統治空間におけるサバルタンの交渉

　上記で示したように、植民地統治における空間性は、身体、セクシュアリティ、労働、人口という、複合的な介入点として現れてくる。そして統治実践の対象となる介入点には、無数の抵抗点が生じる。統治による諸介入に対し、統治される者たちはどのようにこれに反応していったのだろうか。このような問いに答える先行研究が、積み重ねられてきた。以下でみてみよう。

　デイヴィッド・アーノルドは、19世紀インドにおけるヨーロッパ的医療実践の拡大と、先住民による医療実践の用心深い受容について考察している。アーノルドは、医療実践そのものが身体を植民地化していく過程において、被植民者が医療実践をどのように認識したのかについて注意深い洞察を行っている。デイヴィッド・スコットは、セイロン／スリランカの植民地統治分析のなかで、秩序の標的がどのように理解されるのか、どのような手段が空間を介して標的を導くのか、ヨーロッパで培われた管理テクノロジーに対して、現地における人種と宗教の効果がどう現れたのかについて分析する必要性を強調している。

　グャン・プラカシュの研究は、植民地統治性アプローチを最も徹底して適用した研究である。プラカシュは、インドにおける科学・植民地主義・近代的ネイションの親密な関係性を分析するなかで、科学的な構造調整が人口を標的とした文明化戦略として、植民地エリートと現地エリートの双方の実践が複雑に重なり合うなかで展開したことを分析した。またスピヴァクは、グローバル化により登場する新たなサバルタンは、農業文化・除草文化的知識の知的財産権を保持する世界銀行や多国籍企業などの組織により、構造的に位置付けられる主体であることを分析している。

　パルタ・チャタジーは、統治される者たちの人口政治をめぐる交渉について

考察している。市民権をほとんど持たないためにエリート市民社会に所属できないインドの大多数の人々が、統治秩序による所有権の侵害と市民的コントロールから自らを守るための権利を要求するための空間である「政治社会」について考察している。その空間では、市民には含まれない下位人口集団（sub-population）の存在により生じる権利をめぐる統治秩序との譲歩が図られる。つまり西洋起源の市民権では理解できない「ビオスとゾーエの間にあるまだ概念化されていないどっちつかずのもの」がそこには生じているのである[11]。

まとめ

　本論では、統治性研究の動向について、その分類と歴史的展開について検討しながら、その中でも植民地統治性分析の先行研究をまとめながら、植民地統治性研究の視座と方法の多様性について示した。

　統治性研究は、単に議会政治の循環や効率性を分析する視座ではない。また、統治―被統治間の錯綜した実践のどちらか一方のみを分析するものではない。そうではなく統治をめぐる様々な抗争史と、統治対象の統治実践の受容や抵抗について描いていくのが、統治性の分析なのである。方法論としては、ゆるやかな帰納主義として、大枠の対象設定の後に、考察時において新たに生じた要因も説明変数に組み込みながら対象を捉えていくことが必要である。

　日本語圏を含む先進工業国では、統治性分析は先進工業国の統治実践バイアスに偏りがちであり、植民地統治に見られる人種と空間的な隔離やポリシングなどの諸実践が後景化していた。このバイアスを乗り越えつつ植民地統治を分析対象とするためには、ポストコロニアリズムと統治性の交差地点としての社会学・政治学・人文地理学の先行研究を考察する必要があった。これらの研究群を通して見えてくることは、統治実践を単一の真理による実践として捉えるのではなく、複数の真理を追求する合理的実践（ex. 重農主義＋人種カテゴリー形成＋軍隊駐留実践＋ポリシング＋メディア統治）の抗争的交差地点とみなすことである。

1 ‖ 統治性gouvernementalitéは、ミシェル・フーコーにより主として1970年代後半に概念化されたもので、権力関係を研究するための概念的枠組みである。従来国家論や権力論で強調されてきた法を構成する主権や規律訓練の前提を批判し、それらと共に統治実践は、統治されるものの意志を巧みに操る（＝操導）技術や、統計的な人口管理実践を含み込んだ、多元的な歴史的統治実践であることを示した。

2 ‖ 社会運動論（social movement studies）とは、社会運動や集合行動を対象とした、学際的な研究領域である。社会運動研究の入門書としては、大畑裕嗣・道場親信編著. (2004).『社会運動の社会学』有斐閣選書や、濱西栄司・鈴木彩加・中根多惠・青木聡子・小杉亮子. (2020).『問いからはじめる社会運動論』有斐閣があげられる。

3 ‖ Walters, W. (2012). *Governmentality: Critical Encounters*. UK: Routledge.（＝2016, 阿部潔・清水和子訳『統治性──フーコーをめぐる批判的な出会い』月曜社, 55–6.）

4 ‖ Michel Foucault. (1997). *Il faut defendre la societe: Cours au College de France 1975-1976*. Gallimard/ Seuil: Paris.（＝2007, 石田英敬・小野正嗣訳『社会は防衛しなければならない──コレージュ・ド・フランス講義 1975–1976年度』筑摩書房.), (2004a). *Naissance de la biopolitique: cours au Collège de France (1978–1979)*, Gallimard/Le Seuil.（＝2008, 慎改康之訳『生政治の誕生──コレージュ・ド・フランス講義 1978–1979年度』筑摩書房.), (2004a). *Naissance de la biopolitique: cours au Collège de France (1978–1979)*, Gallimard/Le Seuil（＝2008, 慎改康之訳『生政治の誕生──コレージュ・ド・フランス講義 1978–1979年度』筑摩書房.), (2004b). *Securité, Territoire, Population: cours au Collège de France (1977–1978)*, Gallimard/Le Seuil.（＝2007, 高桑和巳訳『安全・領土・人口──コレージュ・ド・フランス講義 1977–1978年度』筑摩書房.); Dean, M. (1999). *Governmentality: Power and Rule in Modern Society*. New York: Sage Publications; Larner, W. and Walters, W. (2004). *Global Governmentality: Governing International Spaces*, London: Routledge; Lipshultz R. and Rowe J. K. (2005). *Globalization, Governmentality and Global Politics: Regulation for the Rest of US*, New York: Routledge; Marta F. and E. Paulo (2017). Silencing Colonialism: Foucault and the International, in P. Bonditti et al., eds. *Foucault and the Modern International*, The Sciences Po Series in International Relations and Political Economy, 137–153; O'Malley, P, Weir, L. and Shearing, C. (1997). *Governmentality, Criticism, Politics*, Economy and Society, 26: 501-17.

5 ‖ 箱田徹. (2013).『フーコーの闘争──〈統治する主体〉の誕生』慶應義塾大学出版会; Lemke, T. (2002). Foucault, Governmentality, and Critique. *Rethinking Marxism*, 14(3): 49–64, (2015). New Materialisms: Foucault and the "Government of Things." *Theory, Culture & Society*, 32(4): 3–25; 仁平典宏. (2011).『「ボランティア」の誕生と終焉──〈贈与のパラドックル〉の知識社会学』名古屋大学出版会; 重田園江. (2018).『統治の抗争史──フーコー講義 1978–9』勁草書房; 酒井隆史. (2001). 『自由論──現在性の系譜学』青土社; Rose, N. (1999a). *Powers of Freedom: Reframing Political Thought*. Cambridge: Cambridge University Press, (1999b). *Governing the Soul: The Shaping of the Private Self*. London: Free Association Books.（＝2016, 堀内進之介・神代健彦監訳『魂を統治する──私的な自己の形成』以文社; 佐藤成基. (2014).『国家の社会学』

青弓社; 佐藤嘉幸.（2009）.『新自由主義と権力——フーコーから現在性の哲学へ』人文書院; 土佐弘之.（2006）.『アナーキカル・ガヴァナンス——批判的国際関係論の新展開』御茶の水書房; 和田賢治.（2012）.「アフガニスタンの農業女性に対するカナダの自立支援プログラム——統治技術としてのエンパワーメント」『カナダ研究年報』32: 19–34.

6 | Mbembe, A. (2003). Necropolitics. *Public Culture*, 15(1):11–40; Walters 2012=2016: 139-55.

7 | Walters 2012=2016:228–52.

8 | ポストコロニアリズムとは、学際的な理論的アプローチであり、旧植民地における植民地下の継続する影響を批判的に考察する立場を指す。

9 | Foucault, M. (1977). (trans. Alan Sheridan). *Discipline and Punish: The Birth of the Prison*. New York: Vintage Books; Sarkar, S. (1996 [2000]). Decline of the Subaltern. in V. Chaturvedi (ed.) *Mapping Subaltern Studies and the Postcolonial*. London; New York: Verso. 300–23; Stephen Legg. (2007). Beyond the European Province: Foucault and Postcolonialism, in J. W. Crampton and S. Elden, (eds)., *Space, Knowledge and Power: Foucault and Geography*. Aldershot: Ashgate, 265–89; Stoler, A. L. (1995). *Race and the Education of Desire: Foucault's "History of Sexuality" and the Colonial Order of Things*. Durham, NC: Duke University Press, (2002). *Carnal Knowledge and Imperial Power: Race and the Intimate in Colonial Rule*. Berkeley; Los Angeles; London: University of California Press.

10 | Clayton, D. (2000). *Islands of Truth: The Imperial Fashioning of Vancouver Island*. Vancouver: University of British Columbia Press; Jacobs, J.M. (2001). Symposium: Touching Pasts. *Antipode*, 33(4): 730–4; Duncan, J.S. (2002). Embodying Colonialism? Domination and Resistance in Nineteenth-century Ceylonese Coffee Plantations. *Journal of Historical Geography,* 28(3): 317–38; Gregory, D. (2004a). *The Colonial Present*. Oxford: Blackwell; Crush, J. (1994). Scripting the Compound: Power and Space in the South-African Mining-Industry. *Environment and Planning D-Society & Space*, 12(3): 301–24; Hannah, M. (1993). Space and Social-Control in the Administration of the Oglala Lakota (Sioux), 1871–1879. *Journal of Historical Geography*, 19(4): 412–32, Hannah, M. (2000). *Governmentality and the Mastery of Territory in Nineteenth-Century America*. Cambridge: Cambridge University Press. Harris, C. (2004). How did Colonialism Dispossess? Comments from an Edge of Empire. *Annals of the Association of American Geographers*, 94(1): 165–82; Howell, P. (2004). Race, Space and the Regulation of Prostitution in Colonial Hong Kong: Colonial Discipline/Imperial Governmentality. *Urban History*, 31(3): 229–48; Kesby, M. (1999). *Locating and Dislocating Gender in Rural Zimbabwe: The Making of Space and the Texturing of Bodies*. Gender, Place and Culture, 6(1): 27–47; McEwan, C. (2003). Material Geographies and Postcolonialism. *Singapore Journal of Tropical Geography*, 24(3), 340–55;

11 | Arnold, D. (1993). *Colonizing the Body: State Medicine and Epidemic Disease in Nineteenth-century India*. Berkeley: University of California Press（＝見市雅俊訳, 2019

『身体の植民地化——19世紀インドの国会医療と流行病』みすず書房.）; Chatterjee, P. (2004). *The Politics of the Governed: Reflections on Popular Politics in Most of the World.* New York: Columbia University Press（＝2015, 田辺明生・新部亨子訳『統治される人々のデモクラシー：サバルタンによる民衆政治についての省察』世界思想社.）; Prakash, G. (1999). *Another Reason: Science and the Imagination of Modern India.* Princeton, Princeton University Press; Scott, D. (1999). *Refashioning Futures: Criticism after Postcoloniality.* Princeton: Princeton University Press; Spivak, G.C. (2000). The New Subaltern: A Silent Interview. in V. Chaturvedi (ed.) *Mapping Subaltern Studies and the Postcolonial.* London; New York: Verso. 324–40.

第Ⅲ部

社会的多様性の諸相

Part III

Aspects of Social Diversity

差別としてのヘイトメッセージ

〈傷つき〉の経験をめぐって

佐藤 靜

Sayaka **Satoh**

Chapter 8

Keyword:

差別

ヘイトメッセージ

傷つき

Hate Message as Discrimination: with Focus on the Experience of Being Harmed

はじめに

　ひとはなぜ、差別されることによって、傷ついてしまうのだろうか。そして、同じ差別に遭ってもひとによって傷つきの度合いが異なるのはなぜだろうか。同じ差別的処遇を受けても、たいして傷つかない人もいれば、深く傷ついてしまう人もいる。「よくあることでしょう」「気にしない！」という励まし元気づけられる人もいれば、さらに傷ついてしまうひともいる。また、そうして傷つく人に対して「気にし過ぎなのでは」と、非難まじりのまなざしを向ける人もいる。そうした対応に、さらに深く傷つく人もいる。こうした〈傷つき〉は普遍化可能なものなのか、あるいはあくまでも個別的なものでしかないのか。本章ではこうした差別による傷つきについて考えてみたい。

1. 差別と傷つき

　差別とは、本人の選択の結果によらない特徴および属性にもとづいた、不利益を伴う異なった処遇をされることである。なおかつ、単に本人の選択の結果によらない特徴・属性（例えば目の色や名前の頭文字）であれば差別に該当するというわけではなく、人種や性別等の歴史的・社会的に不利益を被ってきた特徴・属性によるもののことを指す[1]。ある行為が差別と同定されるとき、その行為特有の悪質さが問題とされる。たとえば、先行研究のひとつに、差別がより悪質となる原因の帰属について、被差別者が受ける害や不利益がありそれが蓄積されるという帰結主義的な「害・不利益説」がある。この説はさらに「害ベース」と「不利益ベース」へという二つに分けられて、それぞれ説明が与えられる。前者においては、差別行為の悪の大きさはその害の大きさで決まるとされている。ではその害とはなにか。差別行為によって被害者が被る害(harm)は、以下のように大きく二つに分けることができる。一つは身体が被る害（ヘイト・クライム）、もうひとつは精神が被る害（ヘイト・メッセージ）である[2]。

　ここで、考察の対象を限定する。本章では、差別行為のなかでもヘイト・メッセージによる差別を対象にして、検討を加えていきたい。ヘイト・メッセージとはなにか。マリ・マツダによれば、言葉によるメッセージであるヘイト・スピーチのみならず、身振り[3]によるメッセージおよびポスター等をはじめとする図像によるメッセージ[4]のことであるという[5]。なお、ヘイト・クライムと呼ば

れる、いわゆる肉体に対して殴ったり蹴ったりして直接物理的な力を加えるような「暴行」等によって被る〈傷つき〉は本章では主たる検討の対象とはしない。なぜならば、こうしたヘイトクライムという差別行為によって生じるダメージは、多少の差はあれどもどの肉体にも同程度の損傷が生じるため、医学的基準による診断が容易であり、それはある程度普遍的なものだといえるからである。また、それに加えて、医師のような専門家でなくとも、暴行を受けた人が傷ついたということは素人であってもある程度は見た目でも判別できるものであり、その痛みも容易に想像できるからである。それゆえに個別的な差異は認めにくく、傷つけられたことが誰の目にも明らかにわかるからである。他方で、ヘイト・メッセージによる差別行為は、それを受けた人がみな同じように傷つけられるわけではない。全く傷つけられない人もいれば不快に感じるだけの人もいるし、重い心身症状を伴うほどひどく傷つけられる人もいる。こうした〈傷つき〉の違いは、単に個別性と呼んでよいものだろうか。本章で考えていきたいことは、この点に関する疑義にその端を発するものである。

　差別行為における〈傷つき〉の事例としての典型的なものに、ヘイト・スピーチによるものが上げられる。ヘイト・スピーチとは路上等の日常生活の場面である特定の属性（人種や民族・性別など）にもとづき、「〇〇人は出ていけ！」や「〇〇は死ね！」などと罵声を浴びせることである。師岡康子によれば、ヘイト・スピーチとは以下のような特徴を帯びているものであるという。

　　　ヘイト・スピーチは、このような差別構造の一部としてなされるから、その一瞬の言葉による攻撃のみならず、幾世代にもわたる社会全体からの差別と暴力の恐怖、苦痛をよみがえらせるが故に、また、今後も自分にそして次世代の子どもたちに対しても一生繰り返されるかもしれない絶望を伴うが故に、マイノリティの心身にきわめて深刻な害悪をもたらす。[6]

　師岡はヘイト・スピーチをその被害者であるマイノリティの「心身にきわめて深刻な害悪をもたらす」ものとしている。そして、その害悪とは「恐怖、苦痛をよみがえらせること」であるとしており、それはトラウマのあるひとにしばしば起こるフラッシュバックや、PTSDなどのストレス障害のことを指している。また、マリ・マツダはヘイト・スピーチをも含む「ヘイト・メッセージ」の負の影響について以下のようにいう。

　　ヘイト・メッセージの負の影響は、被害者たちに実際にそして即座にあらわれる。悪意のあるヘイト・プロパガンダの被害者は、こころの奥底から恐怖、動悸や呼吸困難、悪夢、心的外傷後ストレス障害、過度の緊張やそれに伴う高血圧、精神疾患や果ては自死に至るような、さまざまな生理的症状や精神的（感情的）苦痛を経験するのである。[7]

　このように、ヘイト・スピーチのみならず、それをも含むヘイト・メッセージもまた、身体に対して直接物理的な力を加えずとも、精神のみならず肉体にも深刻なダメージを与えるものである。こうしたヘイト・メッセージによる〈傷つき〉の何がどのように問題なのか。みなが傷つくわけではないからその差別は悪くないといえるのか。こうした点を問うために、本章では個別性の問題に還元されがちなヘイト・スピーチをはじめとするヘイト・メッセージによる差別行為における〈傷つき〉という害それ自体の生成過程に焦点を当てることで、害の内実を明らかにしたい。

2. 差別の悪質さの根拠としての害

　一般的に差別は悪いものであるとされる。本節ではその「悪質さ」に関する議論のうち、その悪質さの根拠を「害」が生じるからだと見なし、その結果によって判断するという帰結主義的な説明について概観していこう。
　差別に関する規範的検討を行った先行研究において、差別とは、①差別するもの②差別されるもの③差別行為という三つの構成要素からなる[8]。そしてそれは、差別の悪質さの観点から見れば、その悪質さの帰属先について少なくとも以下三つのパターンがあるといわれている。堀田義太郎（2014）によれば、第一に、差別者の意図・動機に還元するパターン。第二に、被差別者が被る害や不利益に帰すパターン。第三に、上述した二つとは独立した行為の意味に帰属させる議論である。第一および第三のものは、差別の悪の帰属先は異なりつつも、その根拠を道徳原理の侵害に求める点は共通している。本章では差別における〈傷つき〉それ自体が孕む問題を明らかにするために、悪質さの帰属先について第二に挙げられた「害・不利益説」のなかでも「害ベース」の説明を展開している論者に註1であげたカスパー・リパート－ラスムッセンに注目して

考えていきたい。

　リパート−ラスムッセンによれば、差別が特に悪質である理由は差別行為が被差別者に対して特段の害や不利益を与えるからであるとされる。そして、こうした害ベース説は優先主義によって基礎づけられるものであり、標準的な優先主義はより福利の低い諸個人に生じる便益は、より福利がより高いレベルにある人々のそれよりもより道徳的価値があるものとして、比較上ではなく独立したものとして扱うのがその立場である。つまり、この立場のメリットは、より不利益を被っている立場の人の属性としての「社会的に際立った特徴を有するグループ（socially salient group）」がより重視される点を説明できるところにある〔Lippert-Rasmussen 2014: 168〕。そしてこうした属性にもとづく不利益処遇は、個々人の被る不利益が過重評価される。それをリパート−ラスムッセンは「累積的害（cumulative harm）」と呼ぶ。優先主義は個々の差別行為がもたらす害を独立させて考えるのではなく、それらをひとまとまりのもの、あるいは連続したものとして捉え、それらが総体としてもたらすものとしての害を評価するのにふさわしいものであるといえる[9]。このように、害ベース説は個々の差別行為のみならず、その累積についても包括的な説明を与えうるものである。

　害ベース説の立場は、個々の差別行為のみならずその累積についても扱うことができるという。では、この累積する害というものは具体的に一体何であるのか。次節では、〈傷つき〉経験の個別性に焦点を当てて考察を加えたい。

3. 差別による〈傷つき〉という害の個別性と累積

　からだを殴られた場合、普段からだを鍛えている人とそうでない人は傷つき方が違う。からだを鍛えている人は往々にして筋肉質であり、固い筋肉の鎧を身にまとっているため物理的にタフである。それに加えて、日常的にからだを動かしているため、殴りかかられた際にひらりと避けることだって容易いだろう。それに比して、日々からだを鍛えておらず筋量が少なかったり、俊敏に動くことが苦手だったりする人は、より傷つきやすいといえるだろう。とはいえ、同じ人に同じ力で殴られたと仮定した際に、傷ついてしまうことそれ自体は変わらないしそのダメージは多少の差はあれども大きく異なるというわけではない。

　では、それに対して精神の傷つきやすさとはいかなるものなのだろうか。先

に述べた例における身体の〈傷つき〉とは同列に語れるとは考え難く、人によって違いがある。差別による精神の〈傷つき〉、という際には少なくとも以下のような条件があるだろう。それは、本人が選んだわけではない特徴・属性、すなわち人種や性別等の社会的・歴史的文脈において不利益な扱いを受けてきたという条件であり、そのもとでヘイト・メッセージを介してなされた差別における〈傷つき〉である。そうした〈傷つき〉は、主として言葉や身振り、なんらかの図像等によるメッセージを認識することによって生じる。そして、この認識およびその解釈には個体差が大きい。

　まず、以下に挙げる一つの性差別の事例をもとに考えてみよう。

　　　　レンガ工場で働く女性が、男よりもきつい労働をしながら男よりも低い賃金しかもらえず、昇進の機会も与えられていないにも関わらず、ジャヤンマは不平もいわず抗議もしなかった。彼女は、それが今まで行われてきたやり方であり、これからも続くやり方であると考えていた。彼女も（中略）狼狽することにエネルギーを割こうとはしなかった。なぜならば、彼女にとってこうしたことは変えようのないことだったからである。彼女の夫が自分の稼ぎを自分自身のために浪費してしまい、子どもの面倒は彼女の稼ぎで賄い、家事を彼女が自分ひとりで全部こなしていたときでも、それが間違ったことや悪いことであるという考えは彼女自身には思い浮かばなかったし、別の方法を望もうともしなかった[10]。

　これはマーサ・ヌスバウムが著書のなかで挙げていた事例であり、適応的選好という、人々の選択を左右するその人の好みはその人がおかれた環境によって形成されていくものだとする考えかたの典型例とされるものである。レンガ工場で働く女性の処遇は、明らかに性差別的な処遇である。女性であるがために、低賃金かつ昇進の機会を奪われる。また、家庭内では女性であるからという理由で家事をすべてこなし、金銭的にも夫を頼ることができない。残念ながら、途上国におけるこうした女性の処遇は珍しいことではない。しかし、こうした扱いを受けているジャヤンマは、それを「今まで行われてきたやり方」であり、これからも変わることがないものとしてあたりまえのように諦めている。ヌスバウムは、このジャヤンマは自分自身が人間としての権利を有しているという概念も、彼女のみに起こっていることが不当な事であるとの感覚も欠いてい

るように思われたという。しかし、こうした感覚は単なる適応的選好の問題として措いてしまってよいものだろうか。

　ジャヤンマは、女性であるということで男性とは不公平な差異処遇をされることが当然であると諦めきっていた。それは、このレンガ工場での処遇のみならず、生まれてから大人になるまでにそこら中にちりばめられた、女性に対する「無力化」という教育的効果の成果であるといえるのではないか。いじめの過程において、いじめられている人が反撃しても無駄であると加害者たちがあきらめさせる「無力化」のように、性差別もまた、微細なヘイト・メッセージがいたるところで繰り返されることによって、抵抗しても無駄であり、消耗するだけだから今ある状況を受け入れてそれが運命であると諦めて生きていくほかないと観念させ、無力化していく教育の過程ということができるだろう。いみじくもヌスバウムが指摘しているように、無知・悪意・不正義・盲目的な慣習によって選好が歪められるという考え方は、政治哲学におけるリベラルな伝統にも深く根ざしているものである。このようなリベラルの伝統が強調してきたのは、基本的自由に対する人々の選好自体が伝統や脅しによっていとも簡単に操作されうるということである〔Nussbaum 2001:114〕。

　たとえば、先進国で男女平等の理念のもとで教育を受けてきた女性が、ある日突然このような環境下に放り込まれ、女性であるというだけでこのような処遇を受けたら、どう思うだろうか。この工場での処遇が意味しているのは、単に賃金の差だけではない。ジャヤンマが働いていた工場のような処遇がなされる社会においては、工場の外という公的な場だけでなく、それこそ家庭という私的な場においても女性という属性はこのように遇されることが当然とされているのである。

　このような差別的処遇に慣れていない人であれば、自分自身が女性であっても男性に比して不利益な処遇をされることは不当だと考えるであろうし、そう扱われることで自身が傷つけられたと感じるだろう。また、男女平等の理念にかなう処遇とはどのようなものであるかを知っていれば、抗議するという抵抗の仕方を想起し、そのために行動を起こすという選択肢を持つこともできる。そうしたとき、平等な処遇を求めて行動しても状況が変化しなければそのことにひどく苦痛を覚えるだろうし、その状況が簡単に変えられないだろうと思って行動を起こさなくても、なぜこんな処遇を受けなければならないのかとその理不尽さにひどく感情を摩耗させてしまうことは容易に想像できよう。さらに、

こうした状況におかれれば、過度のストレスによって適応障害等のストレス障害を発症することもあろう。また、こうした差別的処遇に対して状況の改善を希求することは、単なる願望・欲望ではなく、人として持つべきニーズだと自覚すればするほど、自身の正当なニーズはそれが容易に満たされないがゆえに、その人をよりいっそうしんどくさせ、ひどく傷つけてしまうだろう。

　つまり、同一の差別的処遇をうけたとしても、その人が生きてきた、育ってきた環境、およびそこで受けた明示的なあるいは暗黙の教育によって得られた人権やニーズの正当性に関する知識が、差別的処遇に対する抵抗の仕方その選択肢を規定するということである。そうした知識によって個々人の選好はそれぞれの置かれた環境に適応的に形成されているのであり、こうした適応的選好の事例については、それを構成する知識やそれにもとづいた状況認識が人々の〈傷つき〉の個別性を形成するといえる。それは、単に選好や文化的背景の次元に還元するのではなく、それを構成する知識および認識の次元においてさらなる分析が加えられるべきである。

4. 適応的選好の形成過程：差別といじめの類似性

　先節で述べた、同一状況において生じる傷つき方の違いはそれまでおかれた環境や受けてきた教育の違いによるものであろうという点について、本節ではいじめに関する先行研究を手がかりに、差別における害の生成過程についてさらなる検討を行う。差別といじめは、被害を受ける人たちがある特定の集団基準を前提するか否かという点において異なるものであるが、それらがもたらす害には多くの共通点がある。

　精神科医の中井久夫は、いじめを「政治的隷従、すなわち奴隷化の過程」であるという[11]〔中井 1997：9〕。それはじつに政治的に巧妙であり、以下のような三段階を経て成立するという。はじめに、被害者をいじめの対象として焦点化させ「孤立化」させる。いじめられている人がいかにいじめるに値するか、周囲に対してPRする作戦を行使し、多くの人に伝える。次に、被害者ははじめのうちはいじめに対して反撃するが、それをことごとく封殺し、反撃しても無意味であることを徹底的に示し「無力化」する。そして、最終段階においては、いじめそれ自体が日常の風景と化し、周囲の人には見えなくなるようになる。つまり、「選択的非注意 selective inattention」という心理メカニズムによっていじめ

は「透明化」される。〔Ibid.9-20〕これらいじめの過程においてなされるのは、教育的行為であると中井はいう。第一に、周囲の人々をその人がいじめるに値する存在であることを知らしめ、何かと理由を付けて説得する。第二に、被害者に自分はいじめられても仕方ない存在であると観念させ、反撃は無効であることを徹底的に教え込む。差別においても、その対象が特定の個人ではなくある共通の属性を有した集団に属するものという違いはあれども、これと極めて類似したプロセスを経て差別も進行していく。そして、最終段階においては、いじめそれ自体が日常の風景と化し、周囲の人には見えなくなるようになる。つまり、「選択的非注意 selective inattention」という心理メカニズムによっていじめは「透明化」される。〔中井 1997：9-20〕

　これらいじめの過程においてなされるのは、教育的行為であると中井はいう。第一に、周囲の人々をその人がいじめるに値する存在であることを知らしめ、何かと理由を付けて説得する。第二に、被害者に自分はいじめられても仕方ない存在であると観念させ、反撃は無効であることを徹底的に教え込む。差別においても、同じプロセスはたどらずとも、これと極めて類似したプロセスを経て差別は進行していく。において示した例に登場したジャヤンマは、女性であるということで男性とは不公平な差異処遇をされることが当然であると諦めきっていた。それは、このレンガ工場での処遇のみならず、大きく育つまでにそこら中にちりばめられた女性に対するヘイト・メッセージによる教育的効果の成果であろう。いじめの過程における「無力化」のように、差別もまた、微細なヘイト・メッセージがいたるところで繰り返されることによって無力化され、抵抗しても無駄であり、摩耗するだけだから今ある状況を受け入れてそれが運命であると諦めて生きていくほかないと観念させていく教育の過程といってしまってもよいかもしれない。

おわりに──人間のヴァルネラビリティの捉え返し

　以上、傷つきの個別性と害との関係についてここで描き出そうとしてきたのは以下のことである。日々あちこちにちりばめられているヘイト・メッセージによる〈傷つき〉による害の累積とは、単なる傷つけのみならず「無力化」の過程であり、それによって形成される適応的選好が差別を日常的なものとし、それに馴化させ、そこにある不平等を温存するかたちで作用しうるということを。

　しかし、「だから、適切な教育が必要だ」、というところに一足飛びにいくのは早計だろう。それぞれがおかれた、文化的社会的背景を無視した教育は効果がないばかりでなく特定の文化・社会にいる人々の尊厳をひどく傷つける蛮行となってしまうということは開発教育の苦闘の歴史を見れば明らかである。そうではなく、まずは何が差別を構成しているのかという点について、差別そのものだけではなく、差別を受ける人の傷つきそれ自体に注目し、何が人を傷つけたり傷つけなかったりするのかという点について、それぞれの育ちや、おかれた環境という自分では選べないものの状況について、詳しく見ていくことが必要である。差別は悪い、といったところでそうそう状況は変わらない。何がどのようにその差別を構成しているのか、その場の状況のみならず、差別行為がなされる際の背景としての文化、すなわち歴史的・社会的文脈とその人の属性との関係や位置づけを踏まえて考えていかなければならない。

　差別という一つの概念を通じてものを考えることで、その場における行為者のヴァルネラビリティ（傷つき傷つけられやすさ）をそれぞれの文化に即して捉え返し解きほぐしていくことが、今みなに求められているのだ。

---

1 ‖ Hellman, D (2008) *When Is Discrimination Wrong?* Harvard University Press（邦訳）デボラ・ヘルマン（2019）『差別はいつ悪質となるのか』池田喬・堀田義太郎訳、法政大学出版会や Lippert-Rasmussen, K (2014) *Born Free and Equal? : A Philosophical Inquiry into the Nature of Discrimination*, Oxford University Press、堀田義太郎（2014）「差別の規範理論：差別の悪の根拠に関する検討」南山大学社会倫理研究所編『社会と倫理』第29号、93–109頁など。

2 ‖ いわゆる暴行によるヘイト・クライムに対して、ヘイト・メッセージを精神に害を与えるものとしたが、その精神に与えられた害は精神のみならず身体をも害するものである。しかしながら、その害は直接に身体に及ぼされるのではなく精神を介して間接的に与えられるものとして本章ではこのように分けることとする。

3 ‖ 例えば以下のような身振りがそれに該当する「黒人またはラテン系の人とすれ違うときに白人の男はポケットの財布を確認し、女はカバンを持つ手を強くする」。(Sue, D, W. (2010) *Microaggressions in Everyday Life: Race, Gender, and Sexual Orientation*, Wiley: 32–4; 金 友子（2016）「マイクロアグレッション概念の射程」堀江有里 他編『生存学研究センター報告』第24号、112頁)

4 ‖ 具体的には、「匿名の電話や手紙、ポスター、本、雑誌、パンフレット、電話の留守録、バルクメールやリーフレットなど」である〔Matsuda 1993：24〕。

5 | Matsuda, M. J. (1993) "Public Response to Racist Speech: Considering the Victim's Story", *Word That Wound: Critical Race Theory, Assaultive Speech, And The First Amendment*, Westview Press.

6 | 師岡康子（2013）『ヘイトスピーチとは何か（岩波新書）』岩波書店、53頁。下線は引用者による。

7 | 〔Matsuda 1993：24、下線は引用者〕

8 | 差別するものと差別されない人々の区別については、差別行為それ自体をどう定義するかで異なってくる。いじめの構造に関する議論では、「いじめっ子（加害者）」「いじめられっ子（被害者）」という二者のみならず、「観衆（はやし立てるもの・加害者）」と「傍観者（差別を否定しないという点において潜在的加害者）」という四層構造を為すものとされている（森田洋司・清水建二（1994）『いじめ教室の病い』、金子書房、51）。いじめと差別の一番大きな違いは、その条件として集団基準があるかどうかという点であり、それゆえその構造の異同については別途詳細な検討が必要である。

9 | リパート−ラスムッセンは、こうした標準的優先主義では特定の事例に対しては、差別者と被差別者を同等に考慮してしまうケースがあるとして、に応じた優先主義（desert-accomodating prioritarianism）を提案している。重要な点ではあるが、別途検討を要するためこの点について本稿ではひとまず措くこととする。詳しくは以下を参照のこと〔Lippert-Rasmussen 2014; 堀田 2014〕。

10 | Nussbaum, M, C. (2001) *Women and human development: The capabilities approach*, Cambridge University Press, p.113.（邦訳）マーサ C・ヌスバウム『女性と人間開発』池本幸生他訳、岩波書店、2005年。

11 | 中井久夫（1997）「いじめの政治学」『アリアドネからの糸』、2–23頁、みすず書房。

第9章

宗教と信仰の多様性

伍 嘉誠

Ng Ka Shing

Chapter 9

Keyword:

宗教多元主義

宗教政策

反ユダヤ主義

イスラム恐怖症

反仏教主義

反ヒンドゥ主義

Diversity of
Religion and Belief

1.「宗教と信仰の多様性」とは何か

　海旅行に行く際に、日本ではあまり接する機会のない宗教文化を体験したことがあるだろうか。例えば、台湾の街中にある道教や媽祖の廟、ヨーロッパでは町や村に必ずあるといってよいほどの聖堂・教会、タイでは様々な仏教寺院や僧侶たちの姿、または名前も聞いたことのない神々への信仰や民間の宗教的儀礼…このような未体験の宗教文化にはじめて接するとき「世界には本当に様々な宗教や信仰が存在しているのだ！」という気持ちが沸き起こるだろう。この瞬間、「宗教と信仰の多様性」を実感していると言える。

　「宗教と信仰の多様性」[1]とは、世の中に様々な宗教があり、それらの宗教間は信仰面と実践面において大きな差異が存在するという事実を指す。現代に生活している私たちにとっては、当たり前のようなことかもしれないが、移動や情報収集の手段が限られていた昔の人々にとっては、そう簡単に理解できることでもない。例えば、中世ヨーロッパで生まれた人たちは、キリスト教信仰を絶対的なものとして要求された「聖なる天蓋」(sacred canopy)[2]の下で生活し、自分の生活圏域以外の人々が持っている宗教信仰への認識があまりなく、その存在さえ知らない人も多かっただろう。このような状況は近現代のグローバル化の流れの中で進展しつつあり、人の移動、出版事業の発展、通信技術の発達による情報の流通によって、自分以外の人々の存在、そしてかれらの宗教文化に関して省みることが促進されている。現在、「宗教と信仰の多様性」という言葉は広く認識されており、それに対してどのように理解し、それを促進するかは多文化共生を推進するための不可欠な課題であると考えられている。

2. 国によって宗教の多様性は違うのか？

　「世界中にさまざまな宗教文化が存在する」という意味での「宗教の多様性」は、旅行中によく感じられるものであろう。確かに、地球を1つの分析対象として見れば、キリスト教、イスラム教、ヒンドゥ教、仏教などといった主な宗教文化に加えて、数え切れないほどの民間信仰やスピリチュアリティが各地域に存在するという点から、世界は「宗教の多様性」があるに違いない。カナダの社会学者デイヴィッド・ライアン（David Lyon）の言葉を借りて言えば、世界はまるで1つの「スピリチュアル・スーパーマーケット」(spiritual supermarket)

のようである。[3]

　しかしながら、世界中の全ての国が同じレベルの宗教の多様性を持つという
わけでもない。多様な宗教を容認する国は、1つの宗教だけを国教として認め
る国より、宗教の多様性が相対的に高いと考えられる。つまり、国の文化、社
会、政治的事情によって宗教の多様性の度合いが異なる場合があるのである。
このように、それぞれの国・地域において、宗教の多様性はどれぐらいあるの
か、という疑問が生じる。

　以上の疑問に対して、アメリカの調査機関ピュー研究所（Pew Research Center）
が「グローバル宗教ダイバシティ」（Global Religious Diversity）に関する調査を行い、
2014年に結果を発表した。この調査では、232の国・地域を対象にし、世界
の主な8つの宗教信仰（仏教、キリスト教、民間・伝統信仰、ヒンドゥ教、イスラム教、
ユダヤ教、その他の宗教団体、無宗教）が各調査地においてどれぐらいの人々に信
仰されているのかに基づき、統計学の手法で宗教の多様性を示す「宗教ダイバ
シティインデックス」（Religious Diversity Index）を算出している。このインデック
スの得点によって、調査地はさらに宗教の多様性が「とても高い」「高い」「低
い」の3つのカテゴリーに分けられる。この調査で宗教の多様性が「とても高
い」と分類された12の地域のうち、6つがアジアにあるという結果は非常に意
味深い。これらの国・地域は、1位がシンガポール、2位が台湾、3位がベトナ
ム、8位が韓国、9位が中国、10位が香港である。一方、日本は宗教の多様性
の「高い」カテゴリーに入っており、全体の20位に位置している。最も宗教の
多様性の低い調査地には、バチカンやモロッコなどがある。

　1位のシンガポールにおける宗教人口については、仏教は34%、キリスト教
は18%、無宗教は16%、イスラム教は14%、ヒンドゥ教は5%、ユダヤ教は
1%未満、そして民間・伝統信仰は2%、またそのほかの宗教団体は10%であ
る。シンガポールは他の調査地と比較して、多様な宗教が存在し、各宗教の信
者の割合が相対的に拮抗していることがわかる。多民族国家であるシンガポー
ルは、中華系、マレー系、インド系など様々な民族がいる。このような文化・
宗教の多様性は、国の多文化共生政策（multicultural coexistence policy）によって
も促進されている。シンガポールの多文化共生政策の一例として、多くの国民
に信仰されている宗教の祭日が国の法定休日として設定されていることがよく
あげられる。一方で、バチカンでは99%以上の人口はキリスト教信者、モロッ
コでは99.9%はイスラム教徒で、ほぼ1つの宗教が独占する状態であるため、

「宗教ダイバシティインデックス」も非常に低い水準にとどまっている。

　もちろん、信者の割合だけでその国の宗教の多様性を計算できるのかについては議論の余地がある。例えば、10位を取った中国は、各宗教の信者の割合は多くの国より比較的に似通っているに見える点から考えると、宗教の多様性を高く評価できるかもしれない。一方、「五大宗教」と呼ばれる仏教、道教、プロテスタント教、カトリック教、イスラム教の五つの宗教しか認めない中国の宗教政策を見ると、少し違和感を覚える読者もいるだろう。

　このように、各国の宗教の多様性について予備的な調査を行いたいならばPew Research Center のこの調査を参考にするとよいが、データを鵜呑みにするのではなく、批判的にデータを読むことも大事である。

3. 宗教の多様性と宗教政策

　なぜ宗教の多様性の高い国と低い国があるのか。これには国の宗教政策が強くかかわっていると考えられる。ここで、人類の歴史の中でよく見られる、国の宗教に対する4つの基本姿勢を紹介しておきたい。[4]

　まず、①「宗教の完全絶滅」（eradication of all religion）の状態は、宗教が国の力で抑圧され、宗教が公的な場から完全に消されることである。たとえば、過激共産主義統治下のアルバニアや中国では、宗教が「民衆のアヘン」[5]や迷信であると猛烈に批判されることや、宗教施設の強制閉鎖、宗教指導者の思想改造など、政府による無神論思想教育・政策が徹底して行われ、宗教が完全に抹殺されていた。

　②「モノポリー」（monopoly）とは、国が1つの宗教しか認めない、つまり国教以外の宗教をすべて違法と見なすという方針である。キリスト教が国教とされた中世期のヨーロッパや、イスラム教が唯一の合法宗教とされる一部の中東諸国などが例としてあげられる。このような国では、国教は国の法律によって守られ優遇されている。

　③「オリゴポリー」（oligopoly）は、国が一部の宗教を認可し、それ以外の宗教を抑圧するという方針を指す。現代の国々の多くはこのカテゴリーに分類されている。前述のような、宗教を「公認」と「非公認」に分ける中国もその一例である。

　④「宗教の自由市場」（free market）では、最小限の行政的管理しか実施されて

おらず、国に優遇されたり抑圧されるたりする宗教が存在しないことで、すべての宗教が自由に発展できるのが特徴である。アメリカがその一例である。

　日本では公認宗教の制度がなく、神道、仏教、キリスト教、イスラム教、新宗教などの宗教が広く信仰されており、その意味で宗教の自由市場の性格が強い。ただし、「地下鉄サリン事件」（1995年3月20日）を犯したオウム真理教など、国の法律を破った場合は、日本政府によって取り締まられることもある。この事件において、オウム真理教の信者が東京都内の地下鉄車内で神経ガス・サリンを散布し、13人が死亡し、約6,300人が負傷した。

　①「宗教の完全絶滅」から④「宗教の自由市場」に移行すると、国からの宗教に対する管理が緩和されるため、人々は自由に自分の信仰を選択でき、宗教団体も国からの抑圧を心配することなく安心して活動ができる。このような宗教的「需要」と「供給」が自由にできる環境が存在するからこそ、宗教の多元主義が生じやすいのだと考えられる。[6]

4. アラン・レイスの三類型

　宗教の多様性についてもう少し深く考えるため、英国のキリスト教神学者アラン・レイス（Alan Race）[7]の三類型の議論を紹介することにしよう。従来、神学研究において盛んに議論されてきた課題の1つとして、ある宗教の信者は、他の多様な宗教現象に対して、どのように理解・対応すべきなのかという課題があった。この問題に対して、「排他主義」（exclusivism）、「包括主義」（inclusivism）、「多元主義」（pluralism）の3つの視点から検討することができると、宗教研究者のレイスは主張している。排他主義的な立場は、自分が信仰している宗教のみに価値があると信じている。包括主義は、すべての宗教に価値があるが、そのうち1つの宗教は他のより高い価値を持っているとしている。つまり、排他主義と包括主義の特徴は、宗教間のヒエラルキーの存在を認めていることである。

　一方、多元主義は、すべての宗教はそれぞれの価値があり、上下の関係ではないことを主張している。どの立場をとるべきなのかについては、神学研究において様々な議論がなされている。その中でも、多元主義を強く提唱したのは、英国の神学者ジョン・ヒック（John Hick）である。彼は『宗教多元主義―宗教理解のパラダイムの変換』という著書において、「宗教において重要であり、また尊重されるべきものは、既存の組織や公式の定式化ではなく宗教的な経験のし

かたであり、またこれを表現する諸々の生活形式である」と述べており、宗教の多元性の尊重を唱えている。[8]

　神学的議論に限らず、国の宗教政策に関する議論においても、以上の3つの主義を借りて応用することができる。つまり、「宗教の多様性」という事実に対して、国として排他的、包括的、多元的な立場のいずれをとるのか、という問いである。例えば、排他主義の立場から出発して宗教政策を制定すると、特定の宗教しか認めない、宗教の多様性を重視しない政策になりがちである。すなわち、1つの公認宗教が国の宗教市場を独占する「宗教のモノポリー」になるのである。また、包括的な立場でも、特定の宗教がほかの宗教より価値が高いとしているため、「宗教のモノポリー」になる可能性がある。一方、多元主義を抱えて、各宗教の価値は平等であることを尊敬する方針を取れば、より寛容な宗教政策になりうる。このような開放的な宗教政策が制定されると、「宗教の自由市場」を形成しやすいのではないかと考えられる。

　多様主義に基づいた宗教への態度・思想は、宗教多元主義（religious pluralism）と呼ばれる。宗教の多元主義には、少なくとも「軽い意味」と「強い意味」の2つがある。「軽い意味」での宗教の多元主義は、様々な宗教に対して理解し、寛容で共感的な見方を持つことを指す。「強い意味」での宗教の多元主義は、すべての宗教と信者を平等にすることを要求する。つまり、規範や原則としての性格が強いものである。いずれにせよ、宗教の多様性に対して理解し、尊重するというこの考え方は、宗教的過激主義や原理主義（ファンダメンタリズム）を抱える一部の人たちを除いて、現代社会における普遍的価値観として広く受け入れられてきたと考えられる。

　現在、多元主義の考え方を宗教政策に反映している国としては、オーストラリアやカナダなど移民の多い国が例として挙げられる。その理由は、色々な地域から多様な宗教文化を持ってきた移民たちが地元の人と大きな衝突なく一緒に生活できる環境を創出するためには、宗教に対して寛容な態度と政策が非常に重要であるからだと考えられる。

5. 宗教的排他主義の事例

　歴史上の宗教間の衝突を起因とする戦争の悲惨さを理解し、人類の平和を構築しようとする国際的合意や、グローバル化によって頻繁になった異文化交流

への促進などが要因となり、現代社会において宗教多元主義は普遍的な価値観として広く認められてきた。しかしながら、宗教的排他主義が興隆した時期や、宗教への排他的な考え方がまだ強く残されている地域の存在を忘れてはならない。以下、宗教的排他主義の代表例を紹介する。

5.1 反ユダヤ主義

　反ユダヤ主義とは、ユダヤ人およびかれらの民族宗教であるユダヤ教に対しての否定的な考え方、そしてそれによる差別、敵意、迫害、偏見のことを指す。反セム主義ともいう。二次世界大戦中のナチス・ドイツによるホロコーストはよく知られている例である。ジェローム・チェーンズ[9]は、反セム主義を3つのカテゴリーに分けて整理できるとしている。①民族的な性格の強かった反ユダヤ主義（例：古代ギリシャや古代ローマにおける反ユダヤ意識・運動）、②宗教的な理由による反ユダヤ主義（例：古代や中世におけるキリスト教による反ユダヤ主義）、③19世紀以降の人種的反セム主義（例：ナチズム）。

　キリスト教による反ユダヤ主義についてもう少し説明しよう。380年にローマ帝国がキリスト教を国教とし、多神教を禁止したが、一神教であるユダヤ教はまだ迫害は受けていなかった。ユダヤ教に対する偏見が本格的に形成され始めたのは、5世紀の東ローマ帝国におけるキリスト教の聖職者たちによるユダヤ教への批判である。例えば、レオン・ポリアコフ（Léon Poliakov）の『反ユダヤ主義の歴史』（2005–2007年）[10]によれば、カッパドキア教父ニュッサのグレゴリオス（Gregory of Nyssa）はユダヤ教徒を悪魔の一味、呪われた者と罵倒した。またはコンスタンティノープル総主教であり、「金口イオアン」とも呼ばれているヨアンネス・クリュソストモス（John Chrysostom）は、ユダヤ人が盗賊、野獣、「自分の腹のためだけに生きている」など反ユダヤ的な言論を展開した。その後、キリスト教が主な信仰になった古代・中世のヨーロッパ諸国において反ユダヤ主義の社会風潮が形成され、ユダヤ教は迫害の対象となっていった。ヨアンネスは今でもキリスト教、特に正教会で崇敬される。

　20世紀になると、アーリア人種優越論（Aryan supremacy）を唱えたナチス・ドイツ（Nazi Germany）は、ヨアンネスの訓戒を収録した『ユダヤ人に対する説教』（Adversus Judaeos）を頻繁に引用し、キリスト教の教えからユダヤ人への抑圧を正当化しようとした。「アーリア神話」による反ユダヤ主義は、戦時下において最高潮に達し、ナチス・ドイツによる「強制収容所」や「ホロコースト」（Holocaust）、「史上最大の悪」とも呼ばれるユダヤ人の大量虐殺へと至った。

5.2 イスラム恐怖症（イスラモフォビア）

　イスラム教やイスラム教徒に対する偏見や憎悪などの否定的な考え方を、イスラム恐怖症（Islamophobia）と呼ぶ。2001年に、「アルカーイダ」（Al-Qaeda）というイスラム過激派テロ組織が、「9.11」をはじめとするアメリカ同時多発テロ事件を実行したことにより、イスラム教への恐怖と批判がアメリカやヨーロッパ等に広がった。また、2014年以降「イスラム国」（ISIL）と自称しているイスラム過激派組織がイラクやシリアでテロ活動をすることにより、世界中でイスラムへの憎悪がさらに高まることとなった。多くのイスラム教組織や学者は「イスラム国」がイスラム教と関係なく、「イスラム国」という呼び方自体がイスラム教への侮辱であると批判したが、「イスラム国」による活動は世界中のイスラム恐怖症の拡大につながっていると考えられる。また、2015年1月7日にフランスでイスラム過激派テロリストがムハンマドの風刺漫画を掲載した週刊風刺新聞『シャルリー・エブド』のスタッフを殺害した。この「シャルリー・エブド襲撃事件」と呼ばれる事件によって、表現の自由が「宗教批判」を含むべきかどうという議論が世界中で白熱し、イスラム教への恐怖が一層広がった。

　イスラム恐怖症の具体例は日本においてもよく耳にする。例えば、宗教の授業で日本人学生に「イスラム教徒に対してどう思うか」と聞くと、時々「怖い」「テロ」などの否定的な回答が出てくる。実際、国際比較調査グループISSP（International Social Survey Programme）が2018年に日本で実施した調査の結果において、イスラム教徒に対して、「どちらかといえば否定的な印象」「否定的な印象」を持つ回答者は21％であり、仏教（2%）、キリスト教（6%）、ユダヤ教（13%）、ヒンズー教（10%）に比べてはるかに高いことがわかった。この結果から日本社会においても、ある程度のイスラム恐怖が存在するのではないかと考えられる。

　「イスラム」＝「戦争」「テロ」というステレオタイプ、そしてそれによる「差別問題」は多文化共生において非常に大きな課題である。イスラム恐怖症を「克服」するために、イスラム教の教えと信者の実態に対して正しく認識することが重要である。例えば、オーストラリアにおけるイスラム恐怖症の形成についての分析したものや、「普通に見える人間が、なぜテロリストになったか」という質問に対して、「イスラム＝テロリスト」という還元主義（Reductionism）的な見方を取るのではなく、かれらの社会的背景、属性、テロの道に走ったきっか

けなどに注目して分析したものがある。[11]

5.3 反仏教主義

　仏教反対運動の事例は歴史上よく見られる。中国史では「三武一宗の法難」と呼ばれる4人の皇帝による廃仏事件があった。例えば、中国の唐武宗の時代（840–846）に、道教を熱心に信仰した武宗は、仏教を含む景教などの外来宗教を強く弾圧した。この「会昌の廃仏」と呼ばれる事件では、首都の長安にある少数の寺院以外の仏教寺院はすべて破壊され、僧侶たちは還俗させられ、寺院の所有財産は国に没収された。廃仏の背後には、武宗の道教へ傾斜した優遇政策という側面もあるが、肥大化していた仏教団体への取り締まりという目的もある。

　韓国では、李朝時代（1392–1910）に儒教を尊崇し仏教を弾圧する「崇儒廃仏」と呼ばれる法難が続いていた。全国にあった1万以上の寺院は36か所しか残されず、仏教の朝鮮半島での発展に大きな影響を与えた。李朝時代に仏教が弾圧された理由の1つとしては、仏教を国教とした前代の高麗国の影響を徹底的に根絶することが挙げられる。

　日本においても仏教を弾圧した時期があったことを、歴史の授業で学んだことがあるだろう。徳川時代では国民を有効にコントロールするため、仏教を利用して檀家制度を実施した。しかし、大政奉還後に新政府に発表された「神仏分離令」などの政策によって、神道を国教化する風潮の中で、国に優遇されてきた仏教に対して不満を抱える神職や民衆が各地で仏像・経巻・仏具の焼却や廃棄を行った。この「廃仏毀釈」と呼ばれる事件の被害を受けて、奈良の平等寺や内山永久寺、東京の永代寺など、全国において多くの寺院が廃寺となった。

5.4 反ヒンドゥ主義

　ヒンドゥ教の教えや信者に対しての否定的な見方、感情、行為を指して呼ぶアンチ・ヒンドゥイズムは、イギリス植民地時代のインドにおいて、ヒンドゥ教に対する誤解や偏見（ステレオタイプ）を抱えていた当時の西洋人の間で流行し始まったと考えられている。

　ヒンドゥ教へのステレオタイプの一例として、「カースト」（caste）という身分制度が挙げられる。カーストは基本的に、バラモン（司祭）、クシャトリヤ（王族・

戦士）、ヴァイシャ（市民）、シュードラ（労働者）の4つの分類（ヴァルナ）があり、それ以外の人々はアチュート（不可触民）と呼ぶ。この区分はヒンドゥ教の教えからの影響が強いと考えられている。

　また、カースト制度は、ヒンドゥ教の根本的世界観である輪廻転生（サンサーラ）観に基づいたものでもある。人々のカーストは過去生や前世において行った善行や悪行によって決められるものであり、現世においては変更できないが、現世に行ったことによって来世のカーストを変えることが可能であると理解されている。したがって、カースト制度下の多くのインド人が、現世に与えられたカーストに反抗するよりも、それを自分の人生の課題として受け入れるべきであると考えている。ヒンドゥ教の教えはカースト制度、そしてインド社会を安定させるために重要な役割を果たしてきたと考えられている。

　差別問題に関わると思われるカースト制度は、植民地支配者である西洋人に多く批判を受けている。カーストの基盤となったヒンドゥ教の教えも批判の対象となっており、「カースト制度はヒンドゥ教による問題だ」と見なされるようになった。ただ、それはヒンドゥ教へのステレオタイプではないかという声もあった。何故かといえば、ヒンドゥ教だけではなく、イスラム教、シク教、キリスト教を信仰しているインド人でもカースト制度を実践していることが、多くの研究が示唆している。[12]こうした背景から、近年ではカースト制度はヒンドゥ教に由来するというより、インド社会の文化現象として理解すべきではないかという議論がなされている。

　ヒンドゥ教への否定的な態度は、時折キリスト教の宣教師たちによっても示される。例えば、一部の宣教師は、偶像崇拝、寡婦殉死（サティー）、児童婚などヒンドゥ教の独特な要素と思われるものを取り上げ非難している。ただ、これらの特徴は、必ずしもヒンドゥ教に限られたものではない。また、反ヒンドゥ教的な態度を持つ宣教師によるヒンドゥ教の神々へ中傷や、ヒンドゥ教の宗教儀礼が野蛮であるとの言論は、インドにおける宗教間の緊張関係を引き起こしている。

　現在においても、アフガニスタン、バングラデシュ、パキスタンなどイスラム教が強い勢力を持つ南アジアにおいては、マイノリティとしてのヒンドゥ教への反感が強く認められ、ヒンドゥ教の信者に対する暴行や差別がしばしばマスメディアで報道されている。

6. おわりに

　宗教の多様性を理解することは、広い意味での多文化共生を志向する上で重要な意義を持つだけではなく、実際に私たちの日常生活においても、多様な宗教文化に関する知識や理解を身につけることでいろいろなメリットを得られるかもしれない。例えば、日本では2011年から「宗教文化教育推進センター」という組織が、日本や世界の宗教の歴史と現状に理解を深めた人に「宗教文化士」という資格を与える「宗教文化士制度」を設立している。センターの紹介文では、「宗教文化士」を取得することが、旅行関係（海外旅行の企画・外国人観光客への対応）、国家・地方公務員（日本在住の外国人への対応と交流）、教育関係（世界史など宗教の知識が必要な科目）、冠婚葬祭業（多様な宗教の結婚式や葬儀）等の職業に役立つと説明している。

　また、近年では日本で暮らす外国人が増えている。法務省の「在留外国人統計」によると、2019年12月の調査時点では計2,933,137人の在留外国人がいる。少子高齢化対策の1つとして外国人労働者の受け入れが推進される中、外国人の数はさらに増えることが予想される。「単一民族」の志向が強いと言われる日本社会でも、外国人増加により次第に文化の多様性が高まり、日常生活のレベルにおいても外国人と接する機会が多くなる（回避できなくなる）だろう。こうした変化の中で、異文化を出自する人々がもつ宗教の多様性をより深い理解していくことが肝要となるだろう。

1‖ 「宗教の多様性」の定義や議論については、以下の文献が参考になる。Gary D. Bouma and Rod Ling (2011) *The Oxford Handbook of the Sociology of Religion*. Edited by Peter B. Clarke.
2‖ 聖なる天蓋：社会学者のピーター・バーガーが考案した概念。あらゆる社会はその全過程を究極的に意味づける象徴の体系、「聖なる天蓋」をもつ。宗教はもともとこの「聖なる天蓋」であり、社会全体をすっぽり覆って、その象徴的世界に個人を位置づけ、アイデンティティをあたえる機能を果たしてきた（ピーター・L・バーガー著、薗田稔訳、『聖なる天蓋—神聖世界の社会学』筑摩書房、2018年）。
3‖ Lyon, David (2000) *Jesus in Disneyland: Religion in Postmodern Times*. Oxford: Polity Press.

4 ‖ Yang, Fenggang. (2006). The Red, Black, and Gray Markets of Religion in China, *The Sociological Quarterly* vol. 47, 93–122（論文の和訳版は『中国・台湾・香港の現在宗教—生協関係と宗教政策』（櫻井義秀編著、2020、明石書店）に収録されている）。

5 ‖「宗教はアヘン」とは、共産主義理論の創始者であるカール・マルクス（Karl Marx, 1818–1883年）が『ヘーゲル法哲学批判』（1843年）で書いた有名な言葉である。原文は、「宗教上の不幸は、一つには実際の不幸のあらわれであり、一つには実際の不幸にたいする抗議である。宗教は、なやんでいる者のため息であり、また心のない世界の心情であるとともに精神のない状態の精神である。それは、民衆のアヘンである。」（『ユダヤ人問題によせて　ヘーゲル法哲学批判序説』カール・マルクス（著）、城塚登（翻訳）、岩波文庫 1974）。

6 ‖ Stark, Rodney & Roger Finke (2000), *Acts of Faith: Explaining the Human Side of Religion*, University of California Press.

7 ‖ アラン・レイスは *Christians and Religious Pluralism*（1982）において、キリスト教の視点から宗教多様主義について議論した。Race, A. (1983) *Christians and Religious Pluralism: Patterns in the Christian Theology of Religions*. Orbis Books.

8 ‖ ジョン・ヒック（著）、間瀬啓允（翻訳）『宗教多元主義—宗教理解のパラダイム変換』法蔵館、1999年、43ページ。ジョン・ヒック（John Hick, 1922–2012）はイギリスの宗教哲学者、神学者であり、宗教多元論の主唱者として知られている。彼の理論は日本の作家である遠藤周作の作品（例：『深い河』1993）にも影響を与えたとされている。

9 ‖ Chanes, Jerome A. 2004. *Antisemitism: A Reference Handbook*. ABC-CLIO.

10 ‖ レオン・ポリアコフ『反ユダヤ主義の歴史』全5巻、筑摩書房、2005–2007年。

11 ‖ 例えば、関連の研究は以下二つある。Randa Abdel-Fattah (2019) *Islamophobia and Everyday Multiculturalism in Australia*, Routledge. 国末憲人 (2019)『テロリストの誕生：イスラム過激派テロの虚像と実像』草思社。

12 ‖ Braverman, A. M. (2006) "The interpretation of gods". *University of Chicago Magazine.* https://magazine.uchicago.edu/0412/features/index-print.shtml

第10章

言語とコミュニケーションについて

アブドゥルラッハマン・ギュルベヤズ

Abdurrahman Gülbeyaz

Chapter 10

Keyword:

言語起源

単一言語主義

多言語主義

言語政策

異言語嫌悪

言語抹殺

On Language and Communication

1. 存在とコミュニケーション

　人間と社会の形成や発展における言語の役割を検証し、立証することを目的とする研究を行おうとすれば、「初めに言があった。言は神と共にあった。言は神であった。」(John 1.1, King James Bible) という、ヨハネ福音書のよく知られた冒頭部分を論文の前置きにしたくなるかもしれない。先制的な予防線としてこれを引用する甘い誘惑に抗うことが難しかろうことは十分すぎるほど理解できる。

　そのような誘惑は、使徒ヨハネがわずかな言葉だけで巧みに暗示する次のような点において特段に強力になる。それは、普遍的で不撓不屈な人間固有の生存モードにおける発話記号の優位性を明示するだけでなく、宗教やその関連事象、またはそれに相当する事象が、究極的には言語以外の何ものでもないということである。

　しかしそれがすべてというわけではない。このむしろ控えめで、かつ独断的な言葉の中には少なくとももう一つのサブメッセージが存在し、その範囲と趣旨は人間固有の存在モードに関して劇的な次元の重要性を伴っている。

　この特定のサブメッセージの解読と命名を試みる前に、準備としてコミュニケーション理論へ少し寄り道しておくのも価値はあると思われる。

1.1 コミュニケーション理論瞥見

　「コミュニケーション」という用語にはさまざまな定義がある。そしてそれらの定義は、それぞれの科学的ディスコースごとに関連形式や基本前提、そして慣例に応じて、さまざまな度合いで異なっている。コミュニケーション理論の創始者世代にとって、理論の主題は何よりも先ずセンダーからレシーバーへのメッセージの移送、あるいは伝達であった。情報およびコミュニケーション理論の創始者とされるアメリカの数学者・電気技師であるクロード・エルウッド・シャノン[1]は [図1]、1948年に発表した歴史的論文『通信の数学的理論』[図2] の冒頭の数行において、「コミュニケーションの基本的な問題は、別の地点で選択されたメッセージをある地点で正確に、あるいは近似的に再現することである。」(Shannon, 1948, p. 1) と、彼が専らこのプロセスの技術的・数学的側面だけに注目していることを明確に示している (後注1参照)。彼はその冒頭から、メッセージの内容や関連事象が意図的に除外される、と次のように強調してい

［図1］クロード・エルウッド・シャノン

［図2］『通信の数学的理論』

る。「しばしばメッセージは意味を帯びている。つまり、メッセージはある物理的な、または概念的な実体を伴う何らかのシステムのことを指すか、あるいはそのシステムの下に相関関係にある。コミュニケーションのこれら意味論的側面は工学上の問題とは無関係である。」（同書）。

コミュニケーション理論の先駆者たちが初期の開発段階においてすでに十分認識していた事実とは、この技術ー数学的コミュニケーション理論が一般的なコミュニケーション理論の基本単位や下位空間を構成するにすぎないこと、また一般的なコミュニケーション理論は計り知れないほど複雑で広い分野であること、そしてその分野が社会生活および人間固有の存在方法のあらゆる側面や要素と強く相関するだけでなく、人間およびその社会を超えたより広い活動領域を持つであろう、ということであった。

その意味では、機械翻訳分野の創始者であるウォーレン・ウィーバーが、シャノンの論文の書籍版に寄稿した紹介記事 *"Recent Contributions to the Mathematical Theory of Communication"* の中で次のように書いている。

コミュニケーションという単語がここでは、ある知性が別の知性に影響を与える可能性のある手順すべてを含めるために非常に広い意味で使われることになるであろう。このことはもちろん筆記や口頭による言葉だけでなく、音楽、絵画芸術、演劇、バレエ、そして事実上、人間の行動すべてを包含している。いくつかの関係においては、より広い定義をコミュニケーションに充てることが望ましいであろう。すなわち、あるメカニズム（例えば飛行機を追跡し、その後の推定位置を計算するための自動装置）が別のメカニズム（例えばその飛行機を追尾する誘導ミサイル）に影響を及ぼすというような手順を含むものである（Shannon & Weaver, 1964, p. 3）。

　コミュニケーション理論の始まり以来およそ70年間、ほんのわずかな事柄に変化があったものの、遡及的に「コミュニケーションの線形モデル」と呼ばれたシャノン－ウィーバー理論の要となる構成要素は、実質的にほとんど変わることなくこれらの変革を生き抜いてきた。ソース、センダー、エンコーダー、トランスミッター、メッセージ、シグナル、メディア、チャンネル、デコーダー、レシーバー、デスティネーション、ノイズなどのキーワードは、今もなおコミュニケーションの理論と実践、およびその関連事象を支配し続けている。

　その後の展開や修正は大体においてコミュニケーション・フローの方向やコミュニケーション・プロセスの全体構造に関わっている。1954年出版の著書の中で、ウィルバー・シュラムはコミュニケーション・プロセスの双方向性を強調したコミュニケーションのインタラクション・モデルを展開している。このモデルによると、コミュニケーションに参加する者の役割は、固定されることなくコミュニケーション・プロセスの両極間で変動する。センダーまたはトランスミッターが後にはレシーバーになり、その逆もまた然り。さらには、コミュニケーションのインタラクション・モデルの出現により、この理論には新たな基本的要素が追加された。それがすなわちフィードバックである。

　1970年代の初頭以降、新たなコミュニケーション・モデルが出現し、支配的になった。それはトランザクションモデルである。

　　コミュニケーションがトランザクション的であると言うことは、そのプロセスが協調的であることを意味し、センダーとレシーバーはコミュニケーションの結果と有効性に対して相互に責任を負う。コミュニケーショ

ンの線形モデルおいては、ひとりの人から別の人へと意味が伝達される。相互作用モデルおいては、意味がセンダーとレシーバーのフィードバックによって成立させられる。トランザクション・モデルにおいては、人々は共有された意味を構築する（West & Turner, 2010, p. 14）。[2]

　後の記号論的モデル[3]は別として、すべてのモデルはコミュニケーションが主に伝達のプロセスであるという前提に基づいている。「結果的に、彼らの主たる関心事はメディア、チャンネル、トランスミッター、レシーバー、ノイズ、そしてフィードバックである。なぜならそれらはすべてメッセージを送信するというこのプロセスに関する用語だからである。」（Fiske, 2002, p. 39）。

［図3］ハーバーマスの主な著作
『コミュニケイション的行為の理論』

『コミュニケイション的行為の理論』（Habermas, 1984, 1987参照）と題された2巻［訳本では3巻］の本［図3］の中で、コミュニケーションという概念の基盤上に社会科学の構造全体を再概念化しようと試みるユルゲン・ハーバーマス[4]でさえ、多かれ少なかれシャノンと同様の解釈を行っている。このことは単純に並置比較することで明確になるであろう。上述のようにシャノンは、コミュニケーションのプロセスにおける中心的な問題とはメッセージをその起源とは異なる時空点において正確に、あるいは近似的に再現することである、と指摘している（Shannon, 1948参照）。ハーバーマスは同じ考えを別の専門用語を用いて次のように再暗号化している。「コミュニケーションにとって不可欠なのは、シンボルはそれが他の個人の中で喚起するものを自らの内部において喚起しなければならない、ということである」（Habermas, 1987, p.15）。

　我々の寄り道で最後に立ち寄る場所は、コミュニケーションという現象に対するかなり異質なアプローチである。このアプローチの示差的な特徴は、「行動」とコミュニケーションの関係を表す等式に在る。それは社会記号論と社会的行動主義が交錯し、重り合うことから発展するのである。

行動とコミュニケーションは常に協調して進行する。この結論に対する抵抗が、コミュニケーションを発話的な、あるいは意識的な、あるいは意図的なコミュニケーションと同一視することによって生じるかもしれない。しかし人間が、発話的または非発話的な、意識的または無意識的な、意図的または偶発的な方法をいくつも用いることで、その行動全体でコミュニケーションを行っている、ということに気づくや否や、人はコミュニケーションと行動がほぼ完全に重複するカテゴリーであるという考えを受け入れことになる。

　ここに含まれるのは記号−行動と非記号の区別である。我々は、このような区別がさほど有効ではないとの立場、あるいはもう少し巧く言うなら、それは二種類の異なる記号−行動間の対比として理解されなければならないという立場をとる。仮にあなたが、ある心地よい春の朝に草原を散歩している人を観察したとして、彼は誰ともコミュニケーションを行っていないと推測するなら、その時あなたが実際に行っていることは明らかに、そのコミュニケーションというカテゴリーを、発話的、あるいは意図的、あるいは意識的なコミュニケーションというサブカテゴリーと同一化することである。しかしこの春の朝の散歩者は意図の有無に関わらず、実際にはその歩き方や服装、見づくろい、そして散歩しているというまさにその事実によって、彼自身や彼の属する社会的集団について驚くほどの情報量を観察者に伝えている、ということにあなたが気づいた途端、コミュニケーションを矮小化して、発話的、意図的、あるいは意識的なコミュニケーションのいずれかと同一化することは崩壊してしまう。そしてそこに残るのは、それ以上の制約を一切伴わない、コミュニケーションと行動の同一化だけが唯一可能なことである、という事実である。そしてその後には、コミュニケーションと行動をそれぞれ個別に扱うことはできない、ということが続く。コミュニケーションも同時に考察していなければ本当の意味で行動の考察はできないし、行動もまた考察していないのであればコミュニケーションの考察はできない。

　すべての行動はコミュニケーションである、ということは20世紀の記号論にとって大きなブレークスルーである。この進歩は、カテゴリーを分離するのではなく結合させることで、またカテゴリーの重複を可能な限り真摯に受け止めることによってもたらされた。それは行動とコミュニケー

ションの両方のカテゴリーを豊かなものにしたのである。（Rossi-Landi, 1992, p. 165）

　我々は今やコミュニケーションに対する理論的アプローチの概要を把握し、この分野の基本的な概念を理解したところで、最初に引用したヨハネ福音書の冒頭に立ち返ることができる。それによると、人間化のプロセスは、したがって人間的なもの一切は、言語的コミュニケーションの出現という発話記号の起源と一致するということである。とはいえ、このような手法により発話記号の優位性の伝達を何とか可能にするためには、アルファベット表記［図4］という

［図4］神はモーセに告げました。「山に登り、わたしのもとに来なさい。そこで待ちなさい。わたしが石に記したおきてをあなたに授けよう。あなたはそれにより人々を教えることができる。」
（出エジプト記 24：12, Japanese Living Bible；木版画家：ギュスターヴ・ドレ）

質的に新しく画期的なコミュニケーション技術が必要であった。

　アルファベット表記の発達は暗号通信の出現を印し、また、不可視、不可思議、不可解だが、全知全能かつ遍在する唯一神の降臨をも意味する。意味を持たず、限られた数の文字から成る表音アルファベットの発明と一神教の誕生およびその急速な隆盛は、一枚のコインの表裏両面の関係にある。

　それは単に、コミュニケーションのそれぞれのモードで発生する、コミュニケーション技術の分野における社会関連の変動はいずれも、社会生活の組織全体およびその運用モードにおいて同等の関連性がある変動と因果関係を持つという理由からである。したがって同様に、我々の時代より以前の第二千年紀半ばに起きた音素記号に基づく表記システムの出現もまた、社会生活の物理的生産・再生産の形態や方式から思考・信仰の体系に至るまで、世界的な社会変容のもつれ状態と密接に関連しているのである。

　複雑で多面的な運搬構造やほとんど不可解に絡み合った既定手順を持つコミュニケーション経路とコミュニケーション媒体が伝達するものといえば、何よりも先ず、まさにそれ自身に他ならない。マーシャル・マクルーハン[5]［図5］の言葉を借りれば、この関係におけるメッセージとはすなわちメディアのことであり、もしくはその逆でもある（McLuhan, 2001）。

　次の一節は、メッセージの伝達というコミュニケーション・プロセスを水の輸送に比類することで、より正確にはコミュニケーション・チャンネルを水道橋に類比することにより、この状況を視覚化するのに役立つ。

　　この文脈においては、例えばシャノンとウィーバーが提示したような一般的コミュニケーション・モデルのいずれか一つに脇目を振ってみても、早晩、他のどれとも似たり寄ったりになるのだが、意識の入り口にある閾を越えるために次の事実を許容する必要がある。つまり、水道橋

［図5］マーシャル・マクルーハン：
「メディアはメッセージである」

は本来なら、そして時には本当に、水を配送するものであるが、それが絶え間なく絶対確実に送り届けるものは常にそれ自身である［図6］。それ（水道橋）は、「レシーバー」、言い換えれば顧客によって発注されたのか、あるいは「ソース」である売り手によって発送されたのかに関わらず、常に委細構わず断固として到来するのである（Gülbeyaz, 2016, p. 35）[6]。

1.2 宇宙の起源

前節の全体には、焦点をメッセージの内容からその外部へ、さらにはコミュニケーション・プロセスの物質的・非物質的な周辺部全体へと移動することにより、コミュニケーションとは単なるメッセージや記号の交換にとどまらず、遥かに多くのことに関わるものである、と明確にする意図がある。それが関わるものとはまさに地球上の生命、その出現と存続、その存在と非存在に他ならない。

もはや人間はその全生涯と心身のエネルギーのすべてを、単に食料調達や生物学的生存のためだけに費やする必要はなくなり、いかにして宇宙や生命など

［図6］水道橋は絶対確実に送り届けるものは常にそれ自身である。

森羅万象が存在するに至ったのかという疑問への答えを探してきた。亜旧石器時代の後期と原新石器時代の間のある時期に、レバントの中核部、北メソポタミア、および小アジア東南部で構成される地域のどこかで、人々は自らの生理学的要求を満たすのに必要となる以上のものを生産し始めた。この余剰農産物の出現は人類の歴史上、最も劇的な転換点として際立っている。

　それは、農業、労働の分化、私有財産、定住化、家族、人口増加、社会組織の高度化と複雑化、社会階層などのような、相互依存関係にある一連の社会経済革命と歩調あわせて進行する。この画期的な飛躍がしばしば人類文明の始まりと見なされるが、その典型となるのは何をおいても先ず、今日に至る文明史上で最古の神殿である12,000年前のギョベクリ・テペ [図7] 遺跡である。この移行期あたりで人類は誕生や死など、つまり生命について、そして地球や空など、すなわち宇宙について思索し、黙想し始めたと思われる。そう仮定しても差しつかえないとする理由は、その時彼らは前述した怒涛のような大変動のおかげでその贅沢に耽ることが許される立場にあったからである。

　先に述べた人間の思索や黙想の成果、すなわち人間社会の知的努力の成果を、数多くの不定見な、それもむしろ怪しげな根拠によって科学と非科学に二

[図7] ギョベクリ・テペ

分化することは、高度に発達した工業国における知識生産の主流モードである現代の科学的ディスコースの常套手段である。ところで、このことが疑う余地なく表しているのは、ある社会歴史的な構造において支配的になった新たな説明モードのいずれもが、言い換えれば知識生産における優勢なモードのいずれもが、社会に関連するあらゆる要因と現象の中の、知識生産の旧モード、すなわち自らの祖型までもをそのルールに服従させなければならない、という事実である。それゆえに、現代の科学的ディスコースは、一方でそれが「疑似科学」と宣告するものよりも、他方では神話や宗教よりも上に立つことに専念するのである。

　宇宙の起源を知るために、科学的に検証されたこれらの試みを注意深く見たならば、現在関連するほぼすべての宇宙創生論[8]の学説があらゆる面でどれほど異っていようとも、原初の時間と物質に関しては事実上一致している、ということが判るであろう。「およそ150億年前のある特定の瞬間において、観察し得るすべての物質とエネルギーは10セント硬貨［直径約18mm］よりも小さい領域に集中していたが、信じられないほど急速に膨張と冷却を始めた」（Peeblesその他, 2006, p. 3）。ありとあらゆるものの元となった原始物質は一般に「無限に密で、無限に熱く、想像を絶するほど小さなケシ粒」のようなものと考えられている（Cooper, 2013, p. 25）。それは「単一の点」であり、「すべてのガス、塵、星、銀河、輻射だけでなく、時空間の全体までもが含まれていた」（Moore, 2002, p. 52）、そして、それは無限に小さくて「非常に重く、超高密度の物体」であった（Nardo, 2004, p. 92）。

　概ね、いかにして宇宙が誕生したのかという疑問を扱う現行の学説のほぼすべてが、宇宙が実体化する以前にあったものは、無か、準無か、無限の虚空か、あるいは計測不能なほど小さく、密で、重い物体であったに違いない、と仮定している。

　本章での論点に関連して、ビッグバン以前の宇宙が「無」、つまり虚空であったのか否か、あるいは無限に小さく、無限に重く、無限に密なものであったのか否かについて我々は特段の関心があるわけではないが、ビッグバン以前の宇宙の性質についてのすべての理論的アプローチが一点に収束しているように思われることには興味を惹かれる。明示的であれ黙示的であれ、それらのアプローチすべてが、ビッグバン以前の宇宙は均質で未分化の何かであったに違いないと仮定している。

現代の科学では、何がいわゆるビッグバンの原因となったのかについて未だに説得力のある説明がつかないが、ビッグバンに続いて起きたことは比較的高い確度で判っている。物質と反物質の間における膠着状態の時期を経て、物質が反物質よりも優勢となり、それがバリオン数生成につながり、そして目に見える宇宙が形を取り始めたと考えられる。「約378,000年後に、この冷却によって陽子と電子が対を作ることが可能になり、（正の電荷を持つ陽子一つと負の電荷を持つ電子一つによって平衡が保たれる）単純で電気的に中性の水素原子が形成された」(Cooper, 2013, p.27)。

　この点では、宇宙の起源に関する説明モデル、および宇宙が姿を現す前に存在していたものに関する神話的／宗教的な説明モデルが、科学的な宇宙創生論的と本質的に違わないことを提示しても的外れではないであろう。ここでは「地は形なく、むなしく、やみが淵のおもてにあり…」(Gen 1:2, King James Bible)という旧約聖書の創世記冒頭を思い出すだけで十分であるが、これにより、旧約聖書の宇宙起源論である創世記がシュメールの天地創生の忠実な再話であり、ほぼ正確なコピーであるということに心に留めておくべきである。

　宇宙がいかにして創造されたのか、宇宙が出現する以前に何が存在していたのか、などの疑問に対するこれらの答えの準同一性は、宗教と科学の両方が究極的には同じ社会活動・社会現象の同じネットワークを表し、実質的に同一であるという事実を証明するものである。もしも、理由が何であれ、宗教と科学の間にある種の区別が必要となれば、その差異は社会－時間軸の上に構成されなければならないであろう。

　本章で議論されている要点に戻れば、上記に照らして次のような結論を導き出すことができる。

・理論的に推測されるビッグバン以前の宇宙は、非宇宙、つまり無であるが、均質性、未分化性、すなわち絶対的同一性によって特徴づけられる。
・ビッグバンの背後を覗き見ようとする物理学者の試みはこれまでのところすべて失敗に終わる悲運に見舞われてきたが、そのプロセスを惹起した点火エネルギーはある種の不均衡、つまり上述の絶対的同一性に終止符を打った原初の差異であった、と抽象的なレベルにおいて仮定することは十分に正当である。
・いずれの差異もエネルギーの潜在量やエネルギーのバランスによって特徴づ

けられる。ちなみに、「エネルギー」という概念に言及したことは、究極的には次に述べる修正と補足のためにも、エネルギーが創造も破壊もされないといういわゆる「熱力学の第一法則」を頭に入れておくのに良い機会であろう。その補足とはつまり、エネルギーは創造も破壊もされないが、それ自体は創造も破壊もできる、ということである。

・物理宇宙論と素粒子物理学の狭い文脈において、このエネルギーの源は重力、電磁気力、弱い相互作用と強い相互作用という基本的な物理力である。

・地球上の人類や他の生命形態の一般的な文脈の範囲内では、これらの相互に作用する基本的な力を他の方法で考え、概念化することが可能であるし、またそうすべきである（この方向に沿った提言については、Gülbeyaz, 2016, p. 137以降参照）。

・宇宙創生論の文脈において最初に科学的に受け入れられた差異は、物質と半物資の間の不均衡であった。

・もしも、明確化とその適用分野の拡大のためにコミュニケーションの概念を「二つあるいはそれ以上のインスタンスまたは実体の間で、有形もしくは無形のものを伝達あるいは共有すること」と定義すれば、一切のものの始まりである原初閾を決定することが可能となるであろう。

・静的慣性（絶対的慣性）と運動の間、死と生の間、虚空と宇宙の間、無とすべての間という、それぞれの静止状態の間にある閾はまさに「コミュニケーション」に他ならない。つまり、差異（あるいは異なるインスタンスおよびそれに相応する実体）の間のコミュニケーションである。

・最も初期の、そしてある意味では、最も原始的なコミュニケーションのモードは、上記の基本的な力によって引き起される衝突である。物理的宇宙の誕生と形成は、この種のコミュニケーションの直接的な産物である。つまり、時系列順に、物質と反物質、亜原子粒子と原子粒子の間のコミュニケーションや衝突である。

・差異 [difference] とコミュニケーション [communication] とは、すなわち、他者から持ち去ること [dis-'〜から、離れて '+ferre' もたらす、運ぶ']、および、他者にもたらすこと、あるいは分かち合うこと [commūnicāre 大勢と共有する、分かち合う、分け与えること] の間の往復振動のことであり、相互に他方の存在を暗示し、互いを必要とすることである。これらは一方が他方の存在の必要条件であるという、いわば同じ硬貨の両面であるために、これら二

つの用語を並べて使用することはまったく不要な同語反復である。

・同様に、差異化とコミュニケーションにおける形態および構造上の変化は相互に依存する。エネルギーと相互作用の潜在力を持つすべての新たな差異／すべての新たな差異化－モードは、新たなコミュニケーション・モード／新たなコミュニケーション技術と必然的に相関する。

・言い換えれば、「同じであること」と「同一性」が、無であること、虚空、絶対的慣性、そして（「死」とまでは言わないまでも）非生命と相関する一方、「差異」と「コミュニケーション」は、宇宙の出現閾および森羅万象の形成全体の両方を示す。

『過程と実在』の冒頭の一節において、一方では宇宙であるか否か、他方ではコミュニケーションであるか否かの間の関連について、ホワイトヘッドは次のように論じている。

　　目の前の事実を伝達するものだけに限定するなら、一つの経験全体における自らの普遍性の根拠を自らに内包しているという意味で「このように哲学的スキームが必要となるはずである」。
　　しかしそのようにコミュニケーションを行わないものは不可知であり、不可知とは未知である。したがって「コミュニケーション」によって定義されたこの普遍性で十分こと足り得る（Whitehead, 1978, p. 4）。[9]

1.3 生命の起源

　科学者たちは、地球が誕生したのが約45億4千年前だと推測している。地球の形成から約10億年後に最初の生命体が出現したという共通のコンセンサスが科学者の間にはある。

　しかしながら、地球上に生命が出現した正確な経緯については現代科学においてもほとんど一致を見ないのは、近代以前・資本主義以前の既知の知識生産モードと同様である。そしてこの問題に対する決定的で統一的な答を見つけるのは今後もそれほど簡単なことにはならないと思われる。なぜなら生物以前の地球から最初の生命形体の出現に至る変遷のほぼすべての痕跡は、自然の破壊的な力によって、あるいは見方を変えれば、自然の変動力／増殖力によって損

なわれてしまったからである。生命起源の探求を妨げている第二の要因、ある意味ではより基本的な要因は、まさに「生命」を定義することの困難そのものである。この困難に関する徹底した議論と、提唱された定義に関する包括的な概要についてはPopa（2004, pp. 173–207）とPross（2004, pp. 39–42）を参照のこと。

　もっとも、ここで採用しているアプローチでは、生命を定義するためのさまざまな試みもろとも、これらの問題点も難なく無視できるかもしれない。その理由は、これらすべてのモデルが、程度の違いこそあれ、いくつもの点でその核心となる構成について一致しているからである。それらはすべて、差異化およびコミュニケーションが自然発生説[10]の誘因要素およびその原動力であることを明示的に、あるいは暗黙的に前提としているのである。

　最近の一例を挙げるなら、イギリスの有名な生化学者でありサイエンスライターでもあるニック・レーンは、亜深海の熱水系と海洋水の間で一組のコミュニケーションを行なっている差異、たとえばアルカリ性vs酸性、暖vs冷、浮揚vs沈降などの性質に基づいて、自身の自然発生説モデルを構築している（Lane, 2015, pp. 87ff その他参照）。「今日、生物学は情報であり、ゲノム配列はイン・シリコ［in silico：コンピューター上で］で配置され、生命は情報転移の用語で定義されている」（同書、p.25）というレーンの主張や所見は、生命というものが究極的には何よりもコミュニケーションであるということを明確に示している、との解釈が可能であろう。

2. 言語と人間の条件

　人間が構築してきたテキスト連続体のアクセス可能な領域は例外なく、確実に遍在する洞察の痕跡で満ちている。その洞察とは、人間という存在を突き詰めていけばその言語能力以外何も残らないということ、また自らを「人間」と称するものの発生と発達のプロセスは言語能力の生成と発展と相関するということ、そしてそれらが同じコインの裏と表を構成していると言っても差つかえないほど、両方のプロセスが同時に相互受精と相互発生を行っている、ということである。（Gülbeyaz, 2013参照）

　掻い摘まんで言えば、人間化のプロセスとは人間の脱自然化のプロセスであり、つまり知的な地球生物が、存在論的に自然と繋いでいる強固な臍帯を断ち切ることで、自らを自然から解放する真摯な試みである、と表現できるであろう。

この努力は、周到に企てられた自然への介入における人間固有の瞬間、あるいはむしろ人間化が行われる瞬間にこそ在る。この社会的・物理的環境に対して周到に企てられた介入は言語の能力を呼び起こし、そして同時にそれを引き出す。それは究極的・必然的に言語運用を行うことである（同書参照）。

2.1 言語と進化

ヒト科のもっとも若いメンバーが、なぜ、いかにして、いつ、自然界および既知の宇宙において唯一の能力である発話能力を発達させたのかは未だ明らかではない。とはいえ、一連の説明モデルは存在しており、それらは基礎をなす中枢的な指標を根拠に少数の二分化カテゴリーの下に包摂することが可能である。

これらのカテゴリーに含まれるアプローチの一つが先ず第一に答えようと試みるものとは、特に時空連続体の時間軸に関連して、話す能力がいかにして具現化されたのかという疑問である。このカテゴリーにおいて対立している二つの立場は「連続性仮説」および「不連続性仮説」と呼ばれる。広く周知・議論されている連続性理論の一つは、ホモ・エレクトゥスの未発達な原言語から、発話記号に基づく極めて複雑なコミュニケーション・システムであるホモ・サピエンスの言語へと、音声言語の能力が150万年以上にわたる期間を経て徐々に発達したと仮定する。

このカテゴリーの対極にあって、不連続仮説の最も顕著な典型は疑いなくノーム・チョムスキー[11][図8]である。

[図8] ノーム・チョムスキー
photo by Duncan Rawlinson (cc by-nc 2.0)

人間の進化における「大躍進」の最もシンプルな説明としては、併合 [Merge]という作用を与えるために、おそらく何らかの微細な突然変異によって脳がその回路を繋ぎ替えられ、同時に人類進化のあの劇的な瞬間に見い出されるものの基礎となる中核部分が築かれた、というものであろう。少なくとも原理的には、これらの点と点を結ぶことは決して些細な

問題ではない。言語の進化に関してはるかに複雑なプロセスを想定した推察がいくつかあるが、まず最初は、二つのユニットから成る表現を可能にする何らかの突然変異が発生し、おそらくそれによって語彙の項目を記憶する負担が減少して淘汰における優位性が生じ、次に、より大きな表現を可能にするためのさらなる突然変異が起き、そして最後に、併合を生み出す大躍進が在ったというものである。その信念のための経験的あるいは本格的な概念的議論は行われないが、より初期のいくつかの段階はおそらく実際に起きたのであろう。より簡潔な推察では、それらの段階は起きなかったとし、そして大躍進は事実上一瞬の出来事であったとする。それは一個の人間の中で起き、その人間は即座に他人よりはるかに優れた知的能力を授かり、そしてそれらは子孫へと伝えられて優位を占めることになったとするのである。これは高々一つの妥当な推測というだけで、このような問題についてのすべての推察も同様であるが、しかし想像し得る最も単純な問題に対する推察であり、また、既知の、あるいは説得力をもって推量されたどんな事実とも矛盾しない (Chomsky, 2006, p. 184)。

　頻繁に利用されるもう一つの二分法的カテゴリーが根拠とするのは、言語が先天的な能力か否か、つまり、それが遺伝子に刻まれたのか、または社会化プロセスで後天的に獲得されるものなのか、という疑問である。

　上で論じたように、コミュニケーションの質的に新たなモードはいずれも、他はともかく、それ自体は比較的新しいレベルのコミュニケーション技術と差異化のモードとの相関性を持つであるが、影響を受ける物理的／社会的システムの内部において包括的変容に対応する。その結果、原則として新たなシステムの発端や既存システムとは著しく異なるシステムへの再構築がもたらされるのである。

　この普遍的な原理に従い、上記において我々が行なった説明は、物質と反物質の間の差異という原初差異の、二つのインスタンス間における特定のコミュニケーション・モードに基づく宇宙の出現についてであった。類似の方法で、地球における生命の誕生についても、深海噴出孔の暖かいアルカリ性環境と冷たい酸性の海水が相互に作用する特定のコミュニケーション・モードに関連して論じた。

　また同様に、人類の出現と発達においても、重要な役割を果たしたのは質的

に新たな革命的なコミュニケーションのモードであり、それはすなわち発話記号、言い換えれば発話言語であった。

2.2 単一言語主義 vs 多言語主義

　他の場所において、人間の言語能力およびその関連現象の全分野についての考察には、輪郭が明確に示された社会的時空の領域が二つ含まれると論じた。一つ目は、ほとんど知られていない言語の黎明から人間の社会組織の最新バリエーションの成熟に至るまでの、実際には計り知れない期間に及んでいるということ、そして二つ目は、前者に引き続き、いわゆる人類文明の今日の立ち位置を包含する、まさに現代そのものである（Gülbeyaz, 2013 参照）、というものである。

　その場所では、単一言語のみが使用される状況［単一言語主義］が標準状態ではないとする一方で、多言語主義という現象や概念の方がより適切に、人間個々人の言語習得プロセスや言語の獲得と発達を明確化している、ともしている。ここで確かなのは、以下に述べる状況がこれに関する共通の誤解の原因・誘因になっているということである。つまり歴史上で、現行の社会科学一般、中でも近代言語理論が発生し、発達した社会とは、16世紀から20世紀にかけて地球の支配者となった欧米の資本主義諸国である、という状況である。ここで観察されてきたのは、重商主義化、合理化、工業化、市場化、国家形成、統一化、均質化、一律化など、一連のキーワードに照らして説明される一つの込み入ったプロセスが在り、上記の社会はそのプロセスに沿って、社会構造の他の段階（および言語的な段階も同様）における一般的な傾向と合致する均質化、すなわち急進的な単一言語化を経験した、ということである。（同書、及びGülbeyaz, 2014 参照）。

　「国家」という近代的概念は近代資本主義的な生産モードと生来同質であり、究極的には言語の中以外には存在し得ない。「想像上の共同体」または「抽象的な共同体」とみなされるか、あるいは歴史、民族性、文化、領土など一連の共有カテゴリーに基づいて定義されるか、ということに関わらず、それ以上細分化が不可能な唯一のカテゴリーは、つまるところ、言語である。

　したがって国家形成および国民国家の成立プロセスが発生・展開されるのは、国民語の創造プロセスという軸沿い、およびその周辺である必要があった。つまり、単一言語状態はこれまで決して標準ではなかったし、それどころか近代

社会に特有のごく最近の現象であり、さらには、それが発生した社会政治的状況を見れば、未だにまったく限定的な現象である。世界規模で話をすれば新たに地球の支配者となった国々が、そして個々の国レベルでは主権国内の多数派社会が、単一言語を用いているのである（Gülbeyaz, 2013 参照）。

　コインの裏側を見てみると、被支配国の住民も、主権国において多数派社会からの抑圧あるいは差別の下での生活を余儀なくされている少数派社会も、識字力の有無や正式な教育を受けているか否かに関わらず、どちらも多言語を使っていることが判る。言語は、その原始的で最古かつ不可欠な作用におけるこれら社会的時空の中に存在するのである。それはすなわち、社会生活の組織化と生物学的生命の保全・維持のための最も重要な手段としての作用である。この状況によってほとんど無意識のうちに考えさせられるのは、単一言語主義と単一言語化という異常性とは、支配者による政治権力の掌握と防衛に向けた、また彼ら自らの社会や他の社会の征服に向けた、そしてそれらの状況11の永続に向けた、彼らの企ての自然発生的な副産物としての特典である、あるいは、見方によっては、かけられた呪いである、ということである。支配的西洋社会12の平均的な構成員は単一言語を使用し、そして他ならぬ単一言語を使うその個人こそが、西洋起源の科学的思考の中心を占める人間を定義するための模範と拘束力のある基準を構成している。このため、単一言語主義という現象は豊富な事実に基づいて異常とみなし得たし、またそう考えるべきであったが、『定義の指輪物語』に登場する支配者たちによって近代社会科学の作業台上で標準化されたのである（Gülbeyaz, 2013 参照）。

3. 言語と権力

　言語とはまさに、支配者たちの起源が世俗的であれ宗教的であれ、彼らが自らの羊をしっかりと手中に収めておくために頼らなければならなかった領域そのものであり、そしてそこではあらゆる権力闘争の最終決戦が絶え間なく戦われることになる（Gülbeyaz, 2011 参照）。この状況は、例えばヨーロッパ植民地主義の歴史の中に明確に見ることができる。

　人間文明の原初の神々および彼らの代理人、すなわちシュメールの王たちは、威力と従順、そして服従と体制転覆から生み出される唯一無二のものが言語にほかならないことを知っていた。天と地、両方の出自を持つメソポタミアの長

たちは、近代西洋社会および西洋化された社会の支配者たちにおよそ4000年先んじて、社会に対する確固かつ永続的な権力のために不可欠な前提条件は、言語の徹底的なコントロールであるという事実を鋭く認識していた。

　人間の歴史は、書かれたものも口承されたものも、まさにこのような状況を軸とした物語に満ちている。それらの中で最もよく知られたものは間違いなく、古いバビロニアのバベルの塔［図9］の物語を焼き直した旧約聖書バージョンである。その筋書きは、人間がある程度の発達レベルに至ったことで尊大・傲慢になり、都市と先端が天に達する塔を建設することにしたが、主が天から降臨し、その都市と塔が自らの権威に対する直接の挑戦と見る、というかなり単純なものである。

　この物語の旧約聖書バージョンおよびさらに古いバビロニアのバージョンの両方において、創生の天意であり全能の創造主、すなわちバビロニアの父なる神ベルと、同じく旧約聖書のアブラハムの神は、天と地の唯一の支配者である特権を侵される危機が差し迫っていると知り、同一の手段を採る。それはすなわち、神は「さあ、われわれは下って行って、そこで彼らの言葉を乱し、互に

［図9］「バベルの塔」（ピーテル・ブリューゲル）

言葉が通じないようにしよう」(Genesis 11:7, King James Version) と、僭越な人間たちの言語に狙いを定めて攻撃することにしたのである。

また、ヨーロッパの近代社会史は、同時にヨーロッパ植民地主義の歴史でもあり、この状態を明確に見ることができる比較的新しい場としてその姿を現す。古典的な植民地主義の時代を通してヨーロッパが経験したことの原動力は、むしろ単純かつ非常に有効な交易に在った。それは「野蛮な」社会に貿易品として言語、宗教、死を持ち込み、替わりに金、銀、コーヒー、砂糖、生きた肉体などを船倉に満載して「文明化された」西洋に戻るというものであった。

この原動力は、ヨーロッパの物質的富の背後に寄り添うエネルギー源として推進力となったばかりか、いずれも何の変哲もない、取るに足らないローカル言語に過ぎなかった英語、フランス語、スペイン語、ドイツ語、ポルトガル語が世界言語になるプロセスの陰の原動力でもあった。

これらの言語の伝播拡散における最も際立った特徴、すなわち言語の習得プロセスは、教育のプロセスで使用された道具の異常性と革新性であった。つまり、これらの言語はライフルの銃床、銃身、銃剣、あるいは棍棒を用いて植民地の人々の口に押し込まれたのであった。

3.1 言語抹殺

これまでの議論は、さまざまな文脈で明示的にも暗黙的にも、言語と社会の相互依存や因果関係への認識や洞察が社会史全体を通して存在してきた、という事実を強調してきた。広く流布している仮定とは対照的に、言語が社会性の唯一の産物ではなく、また社会の単なる鏡像でもないという考え方は、1960年代において社会言語学の出現とともに生まれたものではない。それどころか、社会や社会集団の出現、発展、変化、存続、衰退そして消滅の過程を支配するために言語が、唯一最重要と言わないまでも、最も重要なものの一つである、という状況は常に知られてきたし、それは支配者たち、および彼らの覇権の確立、正当化、強化、永続という任務を課された特権的な臣下や役人たちによって常に利用されてきた。

シュメールの都市国家ウルクの強大な支配者が、地球上の悠久の平和と繁栄の鍵はシュメール語以外のすべての言語を根絶することにあると考え、そして神々の中で最も強大なエンキに向かい、人類の言語を真に統一するために人々の数多くの言葉を変えて欲しいと祈ったことを、最古のテキストの一つであり

ながら非常に良好な状態で保存されている『エンメルカル王とアラッタ市の領主』から知ることができる（『エンメルカル王とアラッタ市の主』の『ヌディムドの呪文』参照）。そうしてこの王は他の渾名に加えて、社会に対する支配と権力を確立・強化するための最も効率的な戦略の創始者として名を馳せることになった。少数民族を効果的に征服するためには彼らの言語を殺す必要がある、というこの格言は、エンメルカルの時代から現在に至るまで、あらゆる類の支配者や権力装置を鼓舞し、導いてきたのである。

　近代社会の歴史はまた、言語抹殺あるいは言語の大量虐殺の終わりなき物語でもある。豊かで高度に発達した現代の主権国家は例外なくそのどれもが、同時に、そして当然のことながら、かつての植民地大国という高貴なクラブのメンバーであり、その博物館に収蔵されているのは、餌食となった犠牲者からのさまざまな戦利品の、あたかも万華鏡のように多彩なコレクション、つまり彼らが首尾よく踏みにじり、制圧し、そして地上から消し去った言語の数々である。王宮、公邸、国会議事堂、政府庁舎も、この文脈における記憶空間としての役割を果たしている。それらの地下室には言語の屍が押し込まれ、彼らの夜ごとの柔和な囁きはもう誰にも理解できない。殺された言語の骸骨が夜更けに戸棚の中で何をカタカタと早口に呟いているのか、虐殺された言語の亡霊が屋根裏部屋でひそひそと囁き合っているのは何なのか、誰にも解らないのである。

　アメリカ先住民の言語は政府の施策や特別な公的制度を通じて組織的に抹殺されてきた。アメリカ合衆国では、土着の言語を根絶するための基本的な国家政策として、アメリカン・インディアンの子供たちを拉致するか、家族から強制的に引き離すかして、自分たちの言語を話すことを厳しく禁じる「寄宿学校」に送り込むことが行われた。いわゆる「インディアン問題」に対処するためにカナダ国家が行ったことは、南の隣国が行ったことと大差なかった。主たる犯行現場はいわゆる「インディアン寄宿学校」であり、そこでは先住民の子供たちが家族や外界から強制的に監禁・隔離され、国家とその強力な共犯者である教会によって、組織的に「文明化」されていた。中南米やカリブ海地域においては、北アメリカほどの言語浄化プロセスが組織的には発生しなかった。先住民の言葉を消滅させることによって先住民族をヒスパニック化する、というプロジェクト全体にわたる計画と実行は、そのほぼすべてが国家から教会に委任されたものであり、結果全般としてはアメリカやカナダでのように徹底したものではなかった。

　国家とキリスト教会という同じ連携で同様の作戦がオーストラリアやニュージーランドでも実施された。こちらでは、主な犯行現場は、教会が運営し、国家が資金を提供する「キリスト教布教学校 [missionary schools]」と呼ばれていた。日本におけるアイヌ語の歴史は幾分異なる道をたどった。しかし、最後の致命的な打撃の時間的枠組みと社会政治的文脈に関しては、アイヌ語の悲惨な終焉は地球上の他の地域における言語的大量虐殺と明らかにオーバーラップする。アイヌ語とその話者に対する組織的な弾圧は、早くも16世紀末に始まり、20世紀に至ってもまだ続いた。しかし、近代化と西洋化に取り組む過程にあった明治時代に、その取り組みの不可欠要素として、決定的・致命的な打撃がもたらされたのは驚くにあたらない。

　現在進行中の言語的大量虐殺の最新例としては、トルコ語に次いで最も一般的に話されている言語、クルド語を消滅させようとするトルコ国家による組織的な取り組みがある。1925年9月24日に発効したいわゆる「東方改革計画」以来クルド語は、トルコ共和国の建国宣言から2年を経ずして、トルコ国内における恒久的虐殺の対象となっている。クルド語の根絶というプロジェクトの成功を確実にするために、新興のトルコ国家は最も効果的な方法に繰り返し頼ってきた。それは言語の話者を物理的に皆殺しにすることである。これに関して、時の試練を経た黄金律は、ある多言語社会において自らの覇権を強固にしたければ、少数民族の言語やその言語を話す人々をその社会から確実に消滅させよ、というシンプルなものである。

3.2 異言語嫌悪

　部分的にマルクス的／ブルデュー的な用語を頼りに、ここでは言語資本が人間の社会組織のモードにおけるメタ資本を構成していると議論したい。この状況おいて最も重大な結果が二つある。そのうちの一つ目は、その他のすべてのタイプの資本は社会の構造と機能を決定づけるが、それらは言語資本に変換され得るし、また実際に、究極的には変換されなければならない、という事実である。二つ目の結果は、あらゆる社会的構造の出現、発展、進歩、衰退、または破壊は、係る社会の言語において相応する変化と同時発生し、因果関係を持つ、ということである。これこそが、なぜ言語が過去から現在にいたるまで、覇権と体制転覆、抑圧と抵抗、服従と解放が互いに対立・対抗する、まさにその場であり続けているのかということの理由である。

前節で議論し、明示したのは、この場の内部において支配者、植民地主義者、主権国家、および政府の頼る定常手順の一つが「言語殺戮」であり、より明確に言えば「言語の大量虐殺」であることであった。この強力で、より多くの場合、決定的に効果的な手段に加えて、現在の文脈で議論されるべき現象が少なくとももう一つある。それは異言語嫌悪である。ここで「異言語嫌悪」と呼ぶ現象と言語殺戮という現象類似点は、一つには、どちらも同じ条件とパラメーターのもとに、上記で述べられた同じ場の中において発生すること、そしてもう一つには、どちらも同じ究極の目的に向かって競い合うこと、である。これら二つの現象の主な相違は、言語殺戮が権力装置によって組織化され、実行されるのに対し、異言語嫌悪は多数派社会の平均的な構成員の感情状態と行動パターンに呼応していることである。後者はある意味では国民的スポーツであり、理由も知らぬまま「自らの」言語に対する素晴らしい誇りに心満たされた一般人のための大衆娯楽である。

　ここでは「外国人嫌悪」という概念構造を例として、多数派言語の話者が少数言語の話者に対して感じたり、見せたりする不寛容、軽蔑、侮辱、敵意、憎悪、そして差別といった感情や習慣的行動を総体として「異言語嫌悪」の概念に包摂する。形態素「lingo」は形態素「lingo-」あるいは「lingua-」の転訛であり、それら自体がラテン語の形態素「lingui」の変形である。英語で「lingo」が最初に書かれた記録として知られるものは、17世紀末にさかのぼる。以来、それは「異質な」、「理解不能な」言語、およびその話者のことを侮辱的、軽蔑的な物腰で指し示すためだけに使用されてきた。それに関して、ここでさらに一歩進んで主張したいのは、「外国人嫌悪」と呼ばれるものが主として言語に対する憎悪と言語に対する敵意の中にのみ在るということであり、その結果、「外国人嫌悪」＝ 異言語嫌悪、ということを単純な等式にまとめても十分正当化されるように思われる

　結びとして、注目してもらいたい事実がある。それは異言語嫌悪という用語で示される現象が一般的に主権国家の単一言語多数派社会に見られ、維持されているというである。しかしながら、自然発生的な多言語状態が公的制度のレベルで推進されている社会では、もしくは少なくとも政治の権力装置によって禁止あるいは妨害されない社会では、異言語嫌悪やそれに相当する現象など全く問題にもならないのである。

（訳：岡本康兒）

1│ クロード・エルウッド・シャノン（Claude Elwood Shannon、1916.4.30–2001.2.24）はア
メリカ人の数学者、電気技術者、暗号学者。コミュニケーションと情報理論の創始者と
みなされる。
シャノンのコミュニケーション理論は、『通信の数学的理論』というタイトルで1948の
Bell System Technical Journalに掲載された論文で最初に発表された（「Shannon,
Claude E. A Mathematical Theory of Communication. Reprinted with corrections
from The Bell System Technical Journal, Vol. 27, pp. 379–423, 623–656, July,
October, 1948. New York City: AT&T」を参照）。
この論文は翌年にウォーレン・ウィーバーの寄稿とともに本として出版された（「Shan-
non, Claude E. & Weaver, Warren. The Mathematical Theory of Communication.
Tenth printing. Urbana: University of Illinois Press, 1964」を参照）。

2│ 「コミュニケーション理論の紹介」は、コミュニケーション学の分野で最も広く使われてい
る教科書の一つであり、学生がコミュニケーションの分野で遭遇する可能性が高い原則、
中心思想や重要な理論を彼らに慣れ親しませるために書かれたもの（「West, Richard &
Turner, Lynn H. Introducing Communication Theory: Analysis and Application. New
York: McGraw-Hill, 2010」を参照）。
コミュニケーションの研究で使用される主要なモデル、理論、および概念を読者に紹
介することに専念しているもう一つの重要な本は、英国のメディア学者で文化理論家の
ジョン・フィスクによる「コミュニケーション研究の紹介」である（「Fiske, John. (2002)
Introduction to communication studies. –2nd ed–. London, New York: Routledge,
2002」を参照）。
さらに、この文脈で言及する価値があるのは、記号論、哲学、政治経済学、人間科学、
人類学の学者であったフェルッチョ・ロッシ・ランディの作品である。彼の死後出版
された本「記号と非記号の間」は、記号論とコミュニケーション理論の両方への重要な
貢献である（「Rossi-Landi, Ferruccio. Between sign and non-sign / Ferruccio Rossi-
Landi; edited with an introduction by Susan Petrilli. Amsterdam: John Benjamins
Publishing, 1992」を参照）。

3│ 記号論は記号の科学である。その主要な創始者はアメリカ人の哲学者C・S・パース（C.
S. Peirce）とスイス人の言語学者フェルディナン・ド・ソシュールの（Ferdinand de
Saussure）二人である。「記号」とは、簡単に言えば、他の何かを表すものである。

4│ ユルゲン・ハーバーマス（Jürgen Habermas、1929年6月18日生まれ）はドイツ人の
哲学者、批判理論に関わる社会学者。彼は『コミュニケイション的行為の理論』で最も
よく知られる（「Habermas, Jürgen. The Theory of Communicative Action, Volume
1: Reason and The Rationalization of Society. Boston: Beacon Press, 1984」と
「Habermas, Jürgen. The Theory of Communicative Action, Volume 2: Lifeworld and
System: A Critique of Functionalist Reason. Boston: Beacon Press, 1987」を参照）。

5│ ハーバート・マーシャル・マクルーハン（Herbert Marshall McLuhan, 1911–1980）は
カナダ人の文学者、哲学者。彼はメディア理論・研究の創始者とみなされる。彼の「メ
ディアはメッセージである」という有名な言葉は、ほんのたった3語に凝縮された完
璧なコミュニケーション理論として多方面から評価されている（「McLuhan, Marshall.

Understanding Media: The extensions of man. London and New York: Routledge Classics, 2001」)。

6 ‖ 本章は、部分的に執筆者の以下の著作に基づく：Gülbeyaz, Abdurrahman. Meaning in Language and Music: Sign and Slaughter. Osaka: Matsumotokobo, 2016；Gülbeyaz, Abdurrahman. Processes in Language and Music Behaviour: In Connection with Power- and Bio-Political Modes of Operation. In "Central Eurasian Studies: Past, Present and Future" (pp. 259–266). Edited by Hisao Komatsu et.al. Istanbul: Maltepe University Publisher, 2011；Gülbeyaz, Abdurrahman. A Reconceptualization of Language Acquisition and Learning with Practice-Related Considerations. In "Iceri2013 Proceedings CD". Editor: IATED, 2013.

7 ‖ ギョベクリ・テペ（Göbekli Tepe：トルコ語で「太鼓腹のような丘」）は、主にクルド人が居住するトルコ南東部、上部メソポタミアに位置する考古学的遺跡。およそ紀元前12,000 年前にさかのぼる複合施設群は、知られるかぎり最古の寺院を擁していたと考えられる。

8 ‖ 宇宙論（Cosmology：コスモロジーはギリシャ語の「kosmos」つまり「秩序／世界」に由来する）は宇宙全体の研究。対照的に、宇宙発創生論（Cosmogony：コスモゴニー）は、広義では宇宙の起源の研究である。しかし狭義では太陽系の起源を扱う。
関連参考図書：Cooper, Christopher. Our Sun: Biography of a Star. New York: Race Point Publishing, 2013；Moore, Patrick (General Editor). Philip's Astronomy Encyclopedia. London: Octopus Publishing Group, 2002；Nardo, Don. Black holes. San Diego • Detroit • New York • San Francisco • Cleveland • New Haven, Conn. • Waterville, Maine • London • Munich: Lucent Books, 2004；Peebles, James E. Schramm, David N et al. The Evolution of the Universe (originally published in October 1994). In Evolution: a Scientific American reader. Chicago and London: The University of Chicago Press, 2006.

9 ‖ アルフレッド・ノース・ホワイトヘッド（Alfred North Whitehead、1861–1947）プリンキピア・マテマティカ序論（1910–13）でバートランド・ラッセルと協力し、1920 年代半ばからハーバード大学で教え、包括的な形而上学理論を開発した英国の数学者および哲学者。
ホワイトヘッド関連の参考図書：Whitehead, Alfred North. Process and Reality: An Essay in Cosmology. Gifford Lectures Delivered in The University of Edinburgh During the Session 1927-28. New York: The Free Press, 1978.

10 ‖ 自然発生説とは無機物由来（オートゴニー）や有機物由来（プラスモゴニー）の、自然発生的に親なしで生物を創造することであり、神の創造行為による生物の創造とは対照的である。
生命起源関連の参考図書：Popa, Radu. Between Necessity and Probability: Searching for the Definition and Origin of Life. Berlin Heidelberg New York: Springer-Verlag, 2004；Pross, Addy. What is Life? How Chemistry becomes Biology. Oxford: Oxford University Press, 2012；Lane, Nick. The Vital Question: Why Is Life the Way It Is? London: Profile Books, 2015.

11 ┃ ノーム・チョムスキー（Noam Chomsky）、1928年フィラデルフィア生まれ。アメリカ人
の言語学者、教育者、政治的活動家。現代言語学に革命をもたらした変形生成文法の
創始者。1957年出版の著書『統辞構造論』の中で、チョムスキーは言語学の新分野、変
形生成文法を確立し、加えて言語学の構造全体に革命をもたらした。この本の出版以
降、ほぼすべての研究論文がチョムスキー理論に言及していると言える。
　ここで参考にしたもう一冊のチョムスキー関連の本は『言語と精神』である（「Chomsky,
Noam. Language and Mind. Third edition. Cambridge University Press, 2006」、日本
語訳は「『言語と精神』川本茂雄 訳、河出書房新社〈河出・現代の名著〉、1996年4月25
日、改訂版新装」を参照）。

あとがき

葉柳和則

Afterword Kazunori Hayanagi

　専門用語とは幾何学の補助線のようなものです。一本の補助線を引くことで、それまで見えていなかった解答への道程が眼前に広がっていくように、ある用語の持つ意味が腑に落ちるとき、それまでうまく説明できなかった現象を解き明すことができたり、どうしてもつながらなかった2つの論点のあいだの理路が浮かび上がったりします。これを経験することは人文社会系の学問を学ぶためのはじめの一歩です。私自身は大学一年生のときに、「中心と周縁」、「過剰の蕩尽」といった概念と出会い、それまで漠然と感じていた人間や社会に関する疑問が解消していったときの爽快感を今でもはっきり覚えています。

　その意味では、専門用語はスキーヤーや釣り人がかける偏光グラスのようなものかもしれません。偏光グラスとは、乱反射する光のうち一定方向の光のみ透過させるサングラスのことです。これをかけることで、裸眼では気づかなかった雪面の凹凸がはっきりと認識できたり、水面や水底の様子がくっきりと見えたりします。つまり、偏光グラスは乱反射してカオスのように思える外界の1つの局面を見定めることを可能にしてくれる道具です。言い換えると、この道具はスキーヤーや釣り人を現実のカオスから守っているわけです。専門用語もまた、その都度の問題関心に合わせて、見通しがたい現実から特定の局面をクリアに切り出すための道具だと言えます。

　この道具を手に入れることは、学問的営みにとって必須の前提です。しかし、偏光グラスがそうであるように、専門用語もまた、現実それ自体を直視しないで済むようにすることで現実を見ることを可能にするというアンビバレンスを伴っている点に注意してください。これを忘れてしまうと、現実を見ようとして、かえって現実から遠ざかるという逆説に陥ってしまいます。

かく言う私にも、「中心と周縁」、「過剰の蕩尽」という概念の切れ味があまりにも鋭いので、これで人間世界のありとあらゆる現象が説明できると思い込み、目の前の現実よりも、概念の方にリアリティを覚えたという黒歴史があります。何かを見ることは何かを見ないことによって初めて可能になり、何かに焦点化することは何かを背景に退かせることだと気づいたとき、私は学問の世界で二歩目を踏み出したのです。

　本書で提示された諸概念とその背景にある考え方もまた、一種の偏光グラスです。もちろん、それぞれの筆者は、人文社会系の領域に一歩を踏み出そうとしているみなさんが、複雑にからみ合った現実の中で迷子になったり、あるいは逆に──かつての私のように──シンプルな説明に満足してしまったりしないよう意を配っています。しかし、いかに緻密な議論なであろうと、その道具立てでは捉えられない諸相を括弧に入れることで成り立っていることを常に意識していてほしいと思います。むしろ、「この議論では何が括弧に入れられているのか」を問うことが、みなさんが私たちを乗り越えていくために必要なことです。弟子が師匠を乗り越えていかなければ、技の進歩はありえませんから。

　もう1つ押さえておかねばならないのは、それぞれの偏光グラスには作られた目的があることです。スキー用ならゲレンデの細かい凹凸に足を取られないようにするという目的、釣り用なら獲物のいそうな場所を正確に見極めるという目的です。偏光グラスはその名の通り、偏りから自由ではありません。同じように、学問的な概念もまた、それを補助線ないし偏光グラスとして使うことで、現実の特定の局面を可視化しようとした、発案者の意図があり、その意図の背景には、発案者が置かれた歴史的、社会的な現実があります。このような文脈を離れた、純粋に中立的で客観的な認識を可能にする概念は存在しません。「個人」、「社会」、「国家」といった基礎的概念ですら、それが作り出された具体的文脈と、それを使う者の利害＝関心（interests）を伴っています。

　かといって、利害まみれの専門用語など捨て去ってしまえばいいというものでもありません。議論の文脈は少々違っていますが、社会学者のニクラス・ルーマンは、「世界内のあらゆる種類の実在的なシステムにとって、世界は過度に複雑である。というのも、世界は自己を維持しながら反応しうる以上

の諸可能性を含んでいるからだ」と述べています。この場合の「実在的システム」の1つが人間というシステムです。人間は概念のセットという道具立てなしでは、「自己を維持」しながら、世界に「反応」することはできません。過度に複雑な深淵を覗き込んで、その見通しがたさに震撼することは大切ですが、偏光グラスなしに覗きつづけると「自己を維持」できなくなるのです。

　したがって、私たちに可能なのは、専門用語や概念のダークサイドに陥らないように気をつけながらも、まずは概念という偏光グラスを頼りに、カオスとも思える世界を歩くための地図を作り、実際に一歩を踏み出してみることです。たとえば「LGBT」という概念も、それが作られた時代の文脈や作った主体のinterestsから自由ではありません。その意味で偏光グラスの一種です。しかし、この概念を手にすることで、それまでもやもやとしていた問題状況が、クリアに見えてきて、今何を考え、何をすべきかが分かった人は少なくないはずです。このようなプロセスが「LGBT」という道具立てがあって初めて可能になったことを否定する者はいないでしょう。

　本書は、多文化社会の中を生きるみなさんが、自分用のオリジナルな地図を作るためのアシストを提供しようというギュルベヤズ・アブドゥルラッハマンさんのアイデアから生まれました。これに賛同したそれぞれの執筆者が愛用した／愛用している偏光グラスの使い方が章立てを構成しています。このグラスを使うことで、みなさんの学びの道筋がカオスの中から浮かび上がってくることを願ってやみません。

　最後になりましたが、本書の出版を可能にしてくれた、長崎大学多文化社会学部長・多文化社会学研究科長裁量経費に感謝するとともに、出版事情の厳しい中、このような利益（interest）生み出しそうにもない企画に理解を示してくださった松本工房の松木久木さんに最大の敬意を表しつつ筆を置かせていただきます。

2020年12月14日

葉柳和則

あとがき

執筆者略歴

アブドゥルラッハマン・ギュルベヤズ（Abdurrahman Gülbeyaz）

長崎大学多文化社会学部准教授。博士（人間科学）。記号論、言語学、社会学、哲学。主な著書に『Meaning in Language and Music: Sign and Slaughter』（松本工房、2016年）、『しっかり学ぶトルコ語』（ベレ出版、2016年）、『頻出度順トルコ語基本1000語』（大学書林、2011年）、『社会的葛藤と言語行為』（松本工房、2015年）（編著）、『国際学入門 言語・文化・地域から考える』（法律文化社、2015年）（共著）、『音楽におけるリズムとトルコ音楽のリズム概論』（佛教大学宗教文化ミュージアム、2007年）（共著）。

伍 嘉誠（ご・かせい）

北海道大学大学院文学研究院准教授。文化・宗教社会学、社会運動論について研究。主な研究業績に「香港の基督教と雨傘運動」（櫻井義秀編『中国・台湾・香港の現代宗教──政教関係と宗教政策』（明石書店、2020年）、「香港における新型コロナについての一考察──市民社会の力」（玄武岩・藤野陽平編『ポストコロナ時代の東アジア』（勉誠書店、2020年）、「Rethinking the Political Participation of Hong Kong Christians」in『Social Transformations in Chinese Societies. Vol. 13. 2017 』（Emerald Literati Awards 2018 Highly Commended Paper）。

佐藤 靜（さとう・さやか）

大阪樟蔭女子大学学芸学部准教授。専門は倫理学・現代民衆思想。主な研究業績に「新潟水俣病事件における妊娠規制の問題：優生思想とフェミニスト倫理学の観点からの検討」（日本医学哲学・倫理学会編『医学哲学医学倫理』第38号、11–19頁、2020年）、「ケアワークと性差別：性別役割分業・人種間分業・グローバリゼーション」（『唯物論研究年誌』第22号、59–83頁、2017年）、「ケアする責務と応答責任：プラグマティックな当為の位置づけをめぐって」（日本倫理学会編『倫理学年報』第64集、203–210頁、2015年）。

滝澤克彦（たきざわ・かつひこ）

長崎大学多文化社会学部教授・多文化社会学研究科教授。博士（文学）。宗教社会学、モンゴル研究。主な著書に『越境する宗教 モンゴルの福音派──ポスト社会主義モンゴルにおける宗教復興と福音派キリスト教の台頭』（新泉社、2015年）、編著・共編著に『ノマド化する宗教、浮遊する共同性──現代東北アジアにおける「救い」の位相』（東北大学東北アジア研究センター、2011年）、『無形民俗文化財が被災するということ──東日本大震災と宮城県沿岸部地域社会の民俗誌』（新泉社、2014年）。

寺田 晋（てらだ・くにゆき）

長崎大学多文化社会学部非常勤講師。ハイデルベルク大学哲学部東アジア研究科博士課程修了。哲学博士。専門は国際移動の社会学・シティズンシップ・多文化主義。著書に『Actors of International Cooperation in Prewar Japan 』（Nomos）、『Geschichtsdenken im modernen Japan』（分担執筆、iudicium Verlag）、主な論文に「シヴィリティと社会の分断」。

葉柳和則（はやなぎ・かずのり）

長崎大学多文化社会学部教授。スイス文化史・演劇論・文化表象論・都市イメージ論。主な著書に『経験はいかにして表現へともたらされるのか——M・フリッシュの「順列の美学」』（鳥影社、2008年）、『ナチスと闘った劇場——精神的国土防衛とチューリヒ劇場の「伝説」』（春風社、2021年）（編著）、『長崎——記憶の風景とその表象』（晃洋書房、2017年）（編著）、主な論文に「テクストとしての〈文化教書〉（1938）——ナチス時代のスイスにおける〈精神的国土防衛〉運動の理路」（『インターカルチュラル』第16号、日本国際文化学会、2018年）、主な翻訳に『デュレンマット戯曲集』第1巻・第2巻（鳥影社、2012年・2015年）（共訳）。

森川裕二（もりかわ・ゆうじ）

長崎大学多文化社会学部教授。国際政治学、東アジア国際関係、平和学。主な著書に『東アジア地域形成の新たな政治力学 リージョナリズムの空間論的析』（国際書院、2012年）、『周縁からの平和学』（昭和堂、2019年）（編著）、『The New International Relations of Sub-Regionalism: Asia and Europe』（Routledge, 2018）（共著）。

森 啓輔（もり・けいすけ）

琉球大学島嶼地域科学研究所研究員。社会学、統治性研究、地域研究。統治と統治されるものの関係性について、安全保障行政と社会運動に注目して研究。主な著書に『Connections Result in a General Upsurge of Protest: Egocentric Network Analysis of Social Movement Organizations after the Fukushima Nuclear Accident』（Social Movement Studies, 2020）（共著）、「Domestic Environmental Policy and Status of Forces Agreement: U.S. Military Presence and New Water Pollution Risk in Germany」in『Exploring Base Politics: How Host Countries Shape the Network of U.S. Overseas Bases』（Routledge, 2021）、「米施政権下における北部訓練場の軍事的土地利用はいかになされたか」（『沖縄文化研究』、2018年）。

森 元斎（もり・もとなお）

長崎大学多文化社会学部准教授。博士（人間科学）。哲学・思想史。主な著書に『具体性の哲学』（以文社、2015年）、『アナキズム入門』（筑摩書房、2017年）、『国道3号線』（共和国、2020年）、『VOL エピステモロジー』（以文社、2011年）（共編著）、共訳書に『ギリシア　デフォルト宣言』（河出書房新社、2015年）、『思弁的実在論入門』（人文書院、2020年）。

多文化社会学解体新書
21世紀の人文・社会科学入門

（長崎大学多文化社会学叢書 2）

2021年3月31日 初版発行

編集　　アブドゥルラッハマン・ギュルベヤズ
　　　　葉柳和則
　　　　森 元斎

発行者　松本久木
発行所　松本工房
　　　　〒534-0026 大阪市都島区網島町 12-11
　　　　雅叙園ハイツ 1010 号室
　　　　Tel: 06-6356-7701　Fax: 06-6356-7702

装丁・組版　松本久木
印刷・製本　シナノ書籍印刷株式会社
　　　　　　株式会社モリシタ

©2021　Abdurrahman Gülbeyaz
　　　　Ng Ka Shing
　　　　Sayaka Satoh
　　　　Katsuhiko Takizawa
　　　　Kuniyuki Terada
　　　　Kazunori Hayanagi
　　　　Yuji Morikawa
　　　　Keisuke Mori
　　　　Motonao Mori

Printed in Japan
ISBN978-4910067-04-9 C3036